동대문 단추왕 유병기 대표가 알려주는 단추의 모든 것

THE BUTTON

(더 버튼)

동대문 단추왕 유병기 대표가 알려주는 단추의 모든 것

THE BUTTON(더 버튼)

초판 1쇄 인쇄 2024년 7월 15일
초판 1쇄 발행 2024년 7월 31일

지은이 유병기

발행인 백유미 조영석

발행처 (주)라온아시아
주소 서울특별시 방배로 180 스파크플러스 3F

등록 2016년 7월 5일 제 2016-000141호
전화 070-7600-8230 **팩스** 070-4754-2473

값 18,000원
ISBN 979-11-6958-118-9 (13320)

동대문 단추왕 유병기 대표가 알려주는 단추의 모든 것

THE BUTTON

더 버튼

"작지만 강력한 패션의 완성"

단추의 역사와 종류, 제작, 의류별 활용까지
이 한 권에 모두 담았다!

RAON BOOK

프롤로그

작지만 큰, 의류와 패션의 완성, **단추 이야기를 들려드립니다**

서울의 중심, 언제나 활기로 가득한 동대문 시장. 그곳에는 작은 단추 하나에도 열정을 쏟아 붓는 사람들이 있습니다.

바로, "동대문단추왕"입니다.

2대째 이어온 저희 동대문단추왕은 단순한 상점이 아닌, 단추에 대한 사랑과 정성이 담긴 역사를 지닌 공간입니다.

단추는 작고 보잘것없어 보일 수도 있지만, 의류와 패션의 완성에 있어 없어서는 안 될 중요한 요소입니다.

단추 하나로 인해 옷의 전체적인 분위기가 바뀌고, 사용자의 개성과 스타일이 드러나기도 합니다. 이처럼 단추는 단순한 부자재가 아니라, 하나의 예술품이자 역사의 한 부분입니다.

저희 동대문단추왕은 지난 수십 년간 동대문 시장에서 단추를 만들어오며 많은 변화를 겪었습니다. 전통적인 단추에서부터 최신 트렌드에 맞춘 디자인까지, 시대의 흐름을 반영하며 꾸준히 발전해왔습니다. 이 책은 그간의 경험과 노하우를 담아 단추의 역사, 종류, 제작 과정, 그리고 패션에서의 역할을 조명하고자 합니다.

이 책을 통해 단추의 매력과 중요성을 많은 분들이 알게 되기를 바랍니다.

작은 단추 속에 숨겨진 큰 이야기를, 이제 여러분과 함께 시작하려 합니다.

동대문단추왕의 단추 이야기에 귀 기울여 주셔서 감사합니다.

2024년 여름

동대문단추왕

유병기 올림

차 례

2장

단추의 종류

3장

단추 제작 방법

4장

의류 종류별 단추 및 의류 부자재 활용도

부록

의류 봉제시 필수부자재 모음집

1장

단추 이야기

단추의 역사

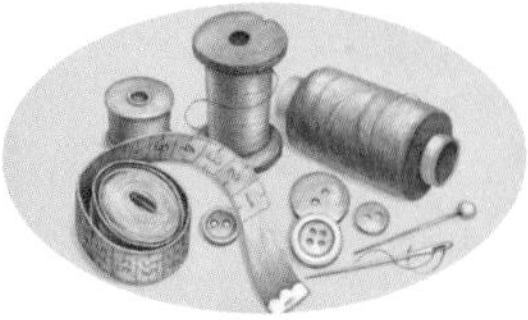

단추는 어떻게 탄생했고, 어떻게 발전해 왔는가?

단추란 '옷을 여미는 도구'로서 장식적이면서 동시에 실용적인 잠금장치로서의 기능을 한다. 단추는 약 4000년 전부터 사용되었을 것으로 추정된다. 초기 형태는 돌이나 화려한 비숙류질 재료를 가공하여 만들어진 것으로 추정된다.

그 후 금속이나 간단한 나사장치를 사용하여 단추를 닫을 수 있는 기능이 개발되었다. 가장 오래된 단추는 돌로 만들어진 것이었고, 약 2500년 전부터는 금속 단추가 등장했다.

단추는 처음에는 옷의 고정용으로 사용되었지만, 나중에는 장식용으로도 사용되었다.

B.C 4000년 화석 사진 〈출처-네이버〉

선사시대부터의 단추 : 뼈로 만든 단추 유물이 발견되며, 이로써 볼 때 단추의 역사는 매우 오래되었다.

중세 유럽의 단추 : 13세기 독일에서 시작된 단추는 유럽 전역으로 퍼져 여러 중세 단추 길드의 등장으로 이어지며, 단추를 만들기 위해 금속이 사용되기 시작되었다.

13세기 금속 단추 〈출처-네이버〉

14세기에는 단추가 유럽에서 가장 보편적으로 사용되기 시작하였다. **15세기부터 16세기**까지는 단추에 보석이나 금속 장식이 추가되어 더욱 화려하고 고급스러운 단추가 만들어졌다.

16세기 보석, 장식단추 〈출처-네이버〉

17세기에는 단추가 더욱 화려하고 세련된 디자인으로 발전하면서, 소지품을 통해 사회적 지위를 나타내는 수단으로도 사용되었다. **18세기**에는 단추가 발전되면서 더욱 표준화되었다. 또한 일본산 조개껍질인 '코끼리 이빨'이 단추로 인기를 끌었으며, 대량 생산이 가능해졌다. 이후, 산업 혁명 시기에는 기계화된 단추 생산이 이루어지면서 단추의 가격이 저렴해지고 대중화되었다.

17세기 화려한 장식단추 〈출처-네이버〉

19세기 후반에는 강화유리와 플라스틱 등 다양한 재료로 단추가 만들어지게 되었고. 또한, 여성복에 사용되는 단추는 종종 장식적인 요소로 활용되기도 하였다.

19세기 산업혁명 단추공장 〈출처-British Pathé〉

19세기 검은 유리 단추 〈출처 https://galla15.blogspot.com〉

20세기에는 플라스틱과 휘발유 재료 등 여러가지 합성 재료가 개발되면서 다양한 색상과 디자인의 단추가 만들어졌다. 현재는 의류의 장식이나 기능적인 역할을 넘어 다양한 재료와 디자인으로 제작되어, 다양한 스타일과 취향에 맞게 선택할 수 있다. 더 나아가, 현대에는 자석이나 밧줄, 지퍼 등의 대안적인 의류 체결 방법이 개발되어 단추의 사용은 점차 변화하고 있지만 여전히 많은 옷에서 사용되고 있다.

20세기 장식으로 사용되는 단추 〈출처-네이버〉

단추는 단순한 옷의 부속품을 넘어서, 시대와 문화에 따라 다양한 의미와 상징성을 지니고 있으며, 역사적으로 단추는 사회적 지위의 상징이자, 예술적 가치를 담은 액세서리로 발전해 오고 있다.

단추는 원래 옷을 고정하는 기능적인 목적으로 사용되었지만, 시간이 지나면서 사회적 지위와 개인의 취향을 반영하는 액세서리로 기능에서 상징으로 변모해 왔다.

프랑스에서 단추는 자유와 창의성의 상징이자, 의복의 완성을 의미하는 중요한 요소로 여겨져 왔다. 단추의 수와 사용은 때로는 제한을 받기도 했다.

19세기 단추는 제국주의 시대의 규범을 대표했고, 20세기에는 세계 대전 동안 애국심과 예술적 가치를 담은 단추가 등장했다. 단추는 프랑스의 역사와 문화를 생생하게 반영하고 구현하는데, 다양한 소재와 제작 기술을 통해 그 시대의 문화적 특성을 담아내고 있다.

단추의 어원

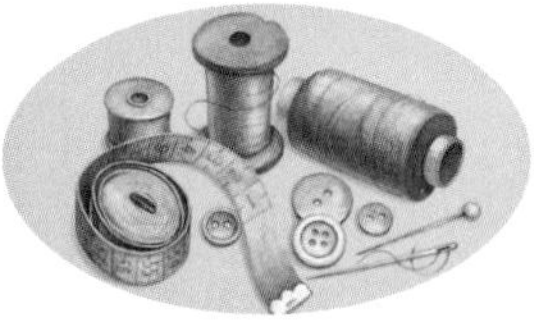

단추의 정의는 '옷을 여미기 위해 옷에 실로 매다는 작은 물체'로 되어 있다.

주로 가운데에 실을 끼워 넣기 위한 구멍 몇 개가 뚫려있는 원판형의 것이 쓰이지만, 별의별 물건이나 모양이 다 단추로 쓰인다. 장식용이 아닌 이상 반대쪽의 단추를 거는 고리나 구멍과 쌍으로 존재한다.

떨어진 단추는 잘 모아서 훗날 예비용으로 저축해 두는 것이 좋다. 교복이나 브랜드 의류 등의 단추는 저마다의 교표나 로고 등이 새겨져 있는 경우도 있다. 또한 구멍의 수는 두 개, 세 개, 네 개 등 다양하며, 크기도 디자인, 용도에 따라 다르다. 더러는 단추가 봉제 인형의 눈으로 쓰이기도 한다.

장식용으로 달기도 하지만 구멍을 통과시키기 위한 단추라면 천과 단추 사이에 실을 감고 고정시켜 실기둥을 만들어줘야 공간이 생겨 옷을 잘 여밀 수 있다. 적어도 끼우려는 천의 두께만큼은 자리가 필요하다.(참조-나무위키)

1. 영어 : button, stud[1]
2. 일본어 : ボタン(釦)[2]
3. 중국어 : 纽扣
4. 스페인어 : botón, tachón[3]
5. 포르투갈어 : botão

단추의 어원은 다양한 언어에서 찾아볼 수 있다.

1. 영어 : 'button'은 중세 영어의 'boton'에서 유래되었으며, 이는 다시 고대 프랑스어의 'bouton'에서 비롯되었다. 'bouton'은 '작은 덩어리' 또는 '꽃봉오리'를 의미한다.
2. 독일어 : 'Knopf'는 'knöpfen'이라는 동사에서 유래되었으며, 이는 '고정시키다'라는 의미를 가지고 있다.
3. 라틴어 : 'botoneus'는 '둥근 모양'이나 '볼록한'을 의미하며, 이는 영어의 'button'과 관련이 있다.
4. 프랑스어 : 'bouton'은 영어의 'button'과 유사한 어원을 가지고 있으며, '작은 덩어리' 또는 '꽃봉오리'를 의미한다. 이러한 어원들은 단추가 작은 둥근 모양이나 볼록한 형태에서 비롯

되었음을 시사한다.

꽃봉오리에서 유래된 단추로 장식된 의복 〈출처-네이버〉

단추의 명칭

단추에 대한 명칭은 다양하며, 그 종류와 용도에 따라 여러 가지 이름으로 불린다. 여기에서는 단추와 관련된 명칭들을 살펴보도록 하겠다.

1) **샤프트**(shaft) : 단추의 몸통을 의미한다.

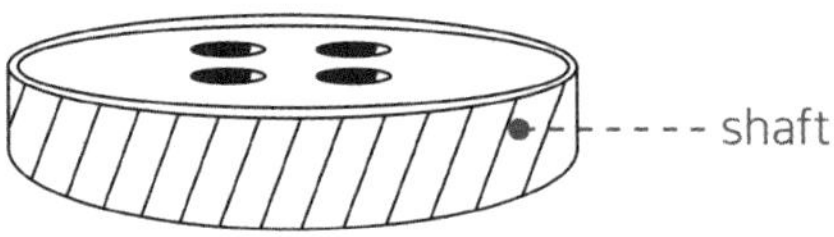

단추의 샤프트 〈출처–동대문단추왕〉

2. **헤드**(head) : 단추의 윗부분을 말한다.

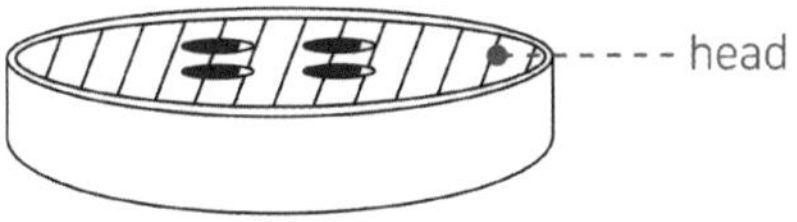

단추의 헤드 〈출처–동대문단추왕〉

3) **버톰**(bottom) : 단추의 아랫부분을 의미한다.

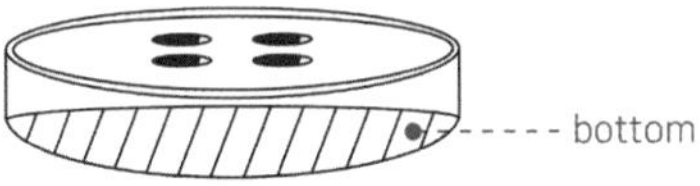

단추의 버톰 〈출처–동대문단추왕〉

4) **아이**(eye) : 단추의 구멍을 말한다.

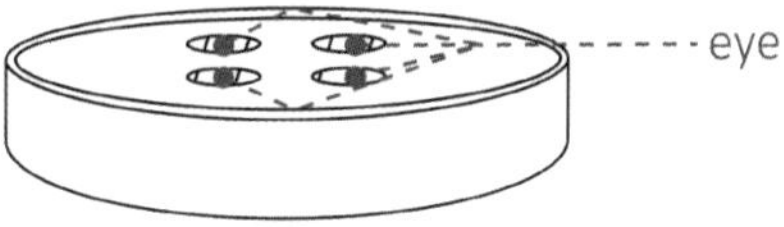

단추의 아이 〈출처–동대문단추왕〉

5. **샤크**(shark) : 단추의 샤프트에 있는 돌출된 부분을 의미한다.

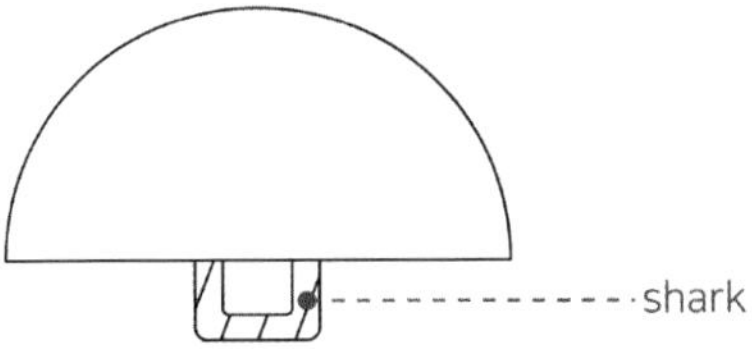

단추의 샤크 〈출처–동대문단추왕〉

6) **단추 너트**(button nut) : 단추의 뒷면에 있는 작은 구멍으로, 단추를 옷감에 끼울 때 단추 실을 통과시키는 역할을 한다.

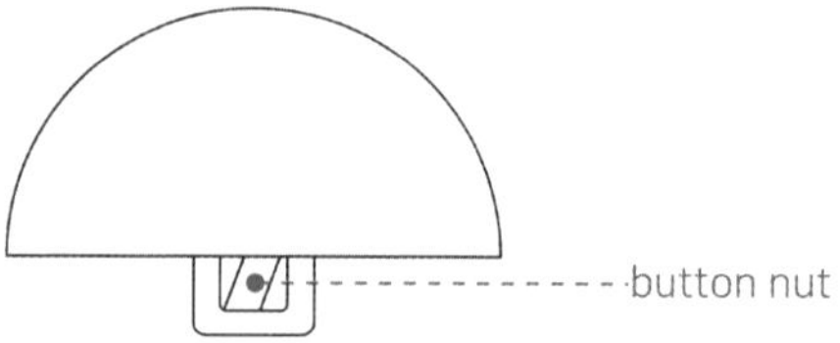

단추의 너트 〈출처-동대문단추왕〉

7) **단추 구멍**(button hole) : 단추를 끼우기 위해 옷감에 만들어진 작은 구멍을 말한다.

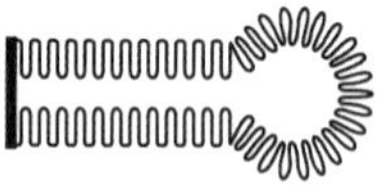

Machine Keyhole
머신 키홀

Fishtail Keyhole
피쉬테일 키홀

Machine Square
머신 스퀘어

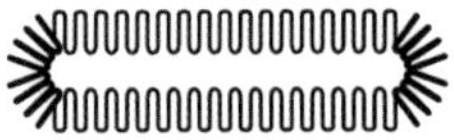

Machine Round
머신 라운드

Radial Straight
래디알 스트레이

Eyelet Taper
아이렛 테이퍼

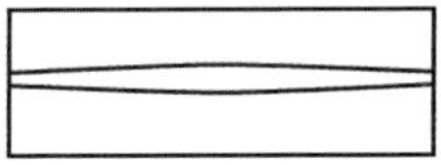

Bound
바운드

단추구멍 〈출처–동대문단추왕〉

단추의 크기

의류 디자이너이거나 단추 도매업자라면 단추 측정 방법을 알 수 있겠지만, 일반 단추를 잘 알지 못 하는 분들이라면 구매시 측정단위로 이야기하는 밀리미터나 인치 또는 라인 등의 단위 명칭 때문에 혼란스러울 수 있다. 이 부분은 공장에서 쓰이는 명칭 기준과 외부에서 쓰이는 명칭이 다르기 때문이다. 따라서, 이 부분에 대해 알아보기 편하게 버튼 측정 및 크기 조정에 대한 쉬운 가이드를 마련해 보았다.

우선 측정하기 위해서는 보통 자, 버니어캘리퍼스 등을 사용한다.

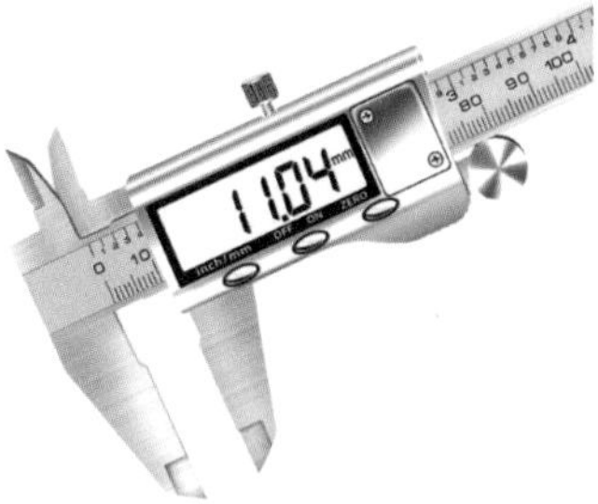

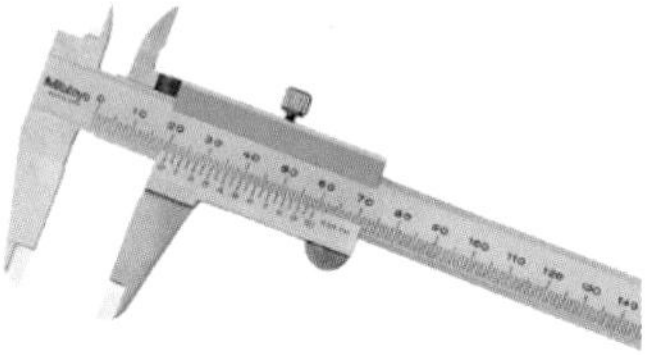

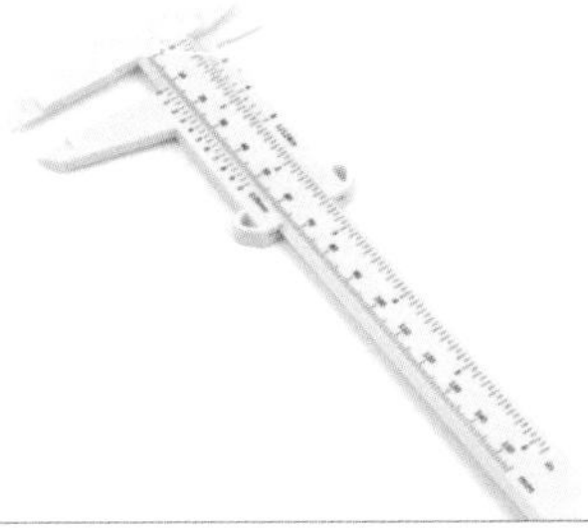

버니어캘리퍼스 〈출처-동대문단추왕〉

버튼 사이즈 차트

이 버튼 사이즈 차트를 사용하여 라인을 밀리미터(mm)에서 인치로 변환할 수 있다. 따라서 사용하려는 측정 단위에 적합하다.

BUTTON SIZE CHART

	LIGNE(L)	MILIMETERES(MM)	INCH(IN)
	12	7.5	5/16
	13	8	5/16
	14	9	11/32
	15	9.5	3/8
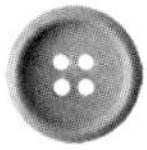	16	10	13/32
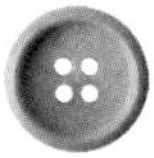	17	10.5	7/16
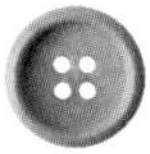	18	11.5	15/32

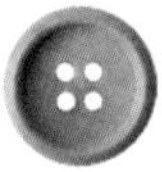	20	12.5	1/2
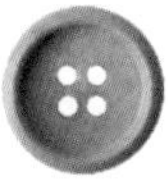	22	14	9/16
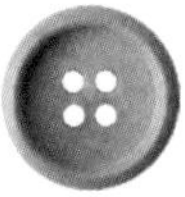	24	15	5/8
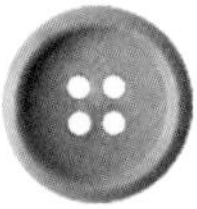	26	16	21/32
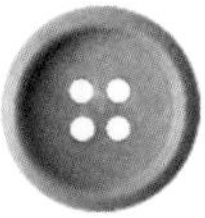	28	18	23/32
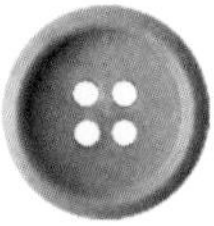	30	19	3/4
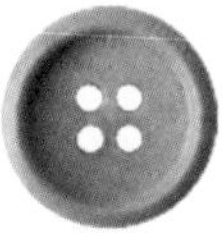	32	20	13/16
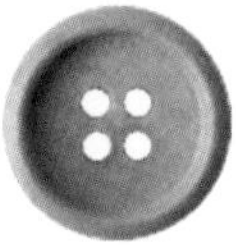	34	21.5	27/32

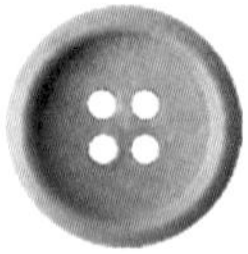	36	23	7/8
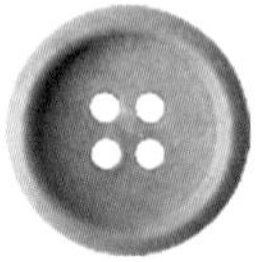	38	24	15/16
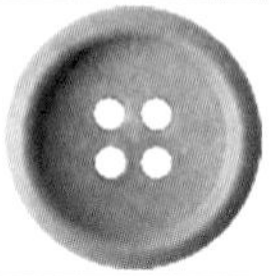	40	25	1

밀리미터–인치 환산표 〈출처–동대문단추왕〉

여기서는 버튼을 측정하는 데 사용되는 다양한 단위를 확인할 수 있다. 그리고 프로젝트에 딱 맞는 크기의 버튼을 찾는 데 도움이 되는 기타 유용한 팁도 있다.

버튼 라인 - 밀리미터(mm) - 인치

'Ligne(프랑스어로 line에서 유래)'은 버튼을 측정하는 전통적인 단위이다. 실제로 이 기술은 9세기에 단추 제조업체에서 처음 사용되었다.

버튼 크기 측면에서 라인이 무엇을 의미하는지 알려드리자면, 40리뉴(40L)는 1인치와 같다. 아니면 25mm. 그리고 1리뉴(1L)는 0.635mm에 해당된다.

확실히 머리 속에서 쉽게 전환할 수 있는 것은 아니다. 따라서 버튼 크기 차트를 참고하여 버튼 크기를 조정하는 것이 좋다.

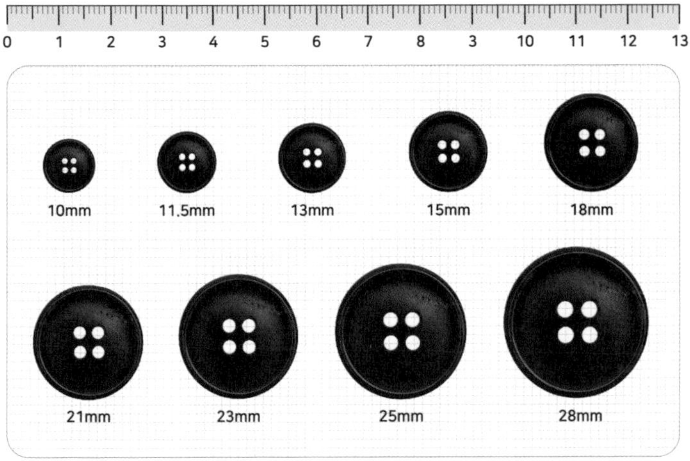

제일 많이 쓰이는 단추 사이즈표 〈출처–동대문단추왕〉

*와이셔츠 등 작은단추 사이즈 : 10, 11. 5, 13mm 등이 사용되고 있다.

*재킷 등 그외의 단추 사이즈 : 15, 18, 21, 23, 25mm 등이 사용되고 있다.

단추의 구매 방법

1) **동대문 종합시장** : 보통 단추를 구매하고자 한다면 동대문 종합시장의 매장 등이 대표적인 판매처이다.

수많은 디자이너, 패션학과 학생, 핸드메이드 고객까지 수많은 종류의 단추와 옷을 만들기까지의 모든 의류부자재를 구매할 수 있는 곳이다.

패션의 메카인 동대문에 단추를 판매하는 곳으로는 종합시장, 동화상가, 광장시장, 평화시장 등이 있으며, 지방에는 부산의 진시장, 대구의 서문시장이 유명하다.

동대문종합시장 〈출처–동대문단추왕〉

동화상가 〈출처–동대문단추왕〉

광장시장 〈출처–동대문단추왕〉

통일상가 〈출처–동대문단추왕〉

부산진시장 〈출처–부산진시장 홈페이지〉

대구 서문시장 〈출처–대구 서문시장 홈페이지〉

2) **온라인 쇼핑몰** : 시대가 바뀐 오늘날에는 인터넷 쇼핑몰로 다양한 종류의 단추를 구매할 수 있다.

개인 고객인 경우에는 동대문에 나와서 구매하는 것보다, 온라인을 통해 구매하는 것이 훨씬 많은 종류의 단추와 의류부자재를 확인할 수 있으며, 소량구매에 따른 판매자들의 불친절함에서 벗어날 수 있다.

국내에선 네이버, 쿠팡 로켓배송 등이 최대의 온라인 마켓이며, 그 외 지마켓, 옥션 등과 인스타나, 유튜브, 블로그 공동구매 등도 있다.

더불어, 해외의 판매처에서 아마존, 테무, 알리익스프레스, 이베이, Etsy 등의 온라인 마켓플레이스로 되어있다.

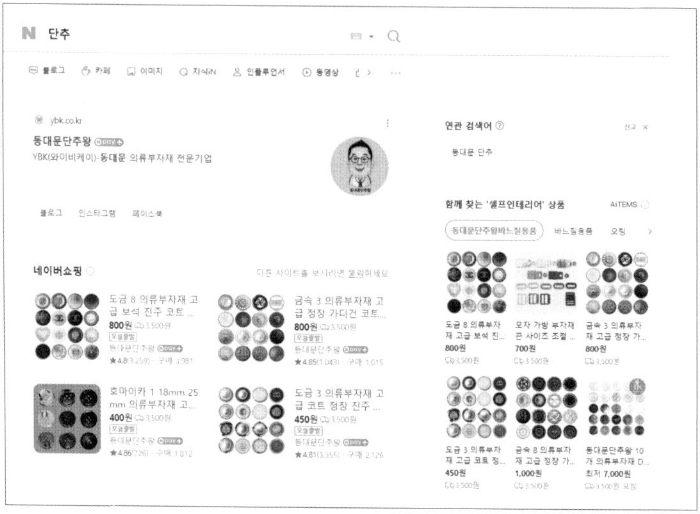

네이버 단추 판매 1위 동대문단추왕 〈출처-네이버〉

2장

단추의 종류

소재별 단추 종류

단추의 소재

단추는 다양한 재질로 만들어지며, 각각의 재질이 주는 느낌과 기능이 있다. 역사적으로도 중요한 역할을 해왔으며, 장식적인 요소뿐만 아니라 실용적인 측면에서도 중요한 부품이었다.

이 외에도 다양한 재질과 디자인의 단추가 있다. 단추는 옷에 사용되는 것 외에도 공예, 장신구, 장식품 등 다양한 용도로 활용될 수 있다.

1. 폴리단추

폴리단추는 폴리에스터와 같은 합성 소재로 만들어져 다양한 의류에 사용되는 인기 있는 단추 유형 중 하나이다. 내구성이 뛰어어나고 다양한 디자인과 색상으로 제공된다.

폴리단추 종류 〈출처–동대문단추왕〉

1) **쉬트 단추**(sheet button) : 가장 흔하게 사용되는 재질로, 다양한 색상과 형태가 가능하다.

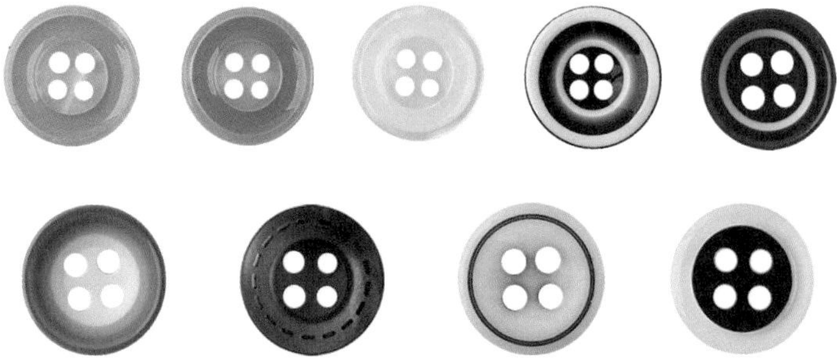

쉬트 단추 〈출처–동대문단추왕〉

2) **봉 단추**(bong button) : 플라스틱 소재로 제작된 단추이다. 다양한 크기와 색상으로 제공되며, 셔츠, 블라우스, 재킷, 가방 등 다양한 용도로 활용된다.

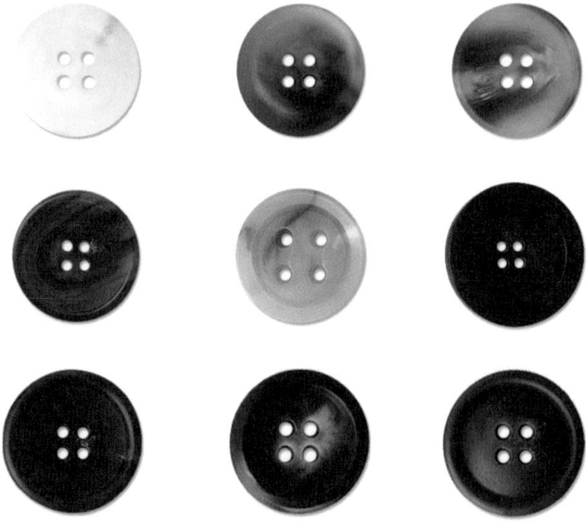

봉 단추 〈출처–동대문단추왕〉

3) **사출 단추**(plastic button) : 플라스틱 사출 성형 기술을 이용해 만들어지는 단추로 플라스틱 원료를 금형에 넣고 가열, 압축하여 단추 모양을 만드는 방식으로 생산된다. 사출 단추는 다양한 디자인과 색상으로 제작될 수 있어 활용도가 높은 단추이다.

사출 단추 〈출처–동대문단추왕〉

4) **유레아 단추**(urea button) : 합성수지 소재의 단추로, 주로 코트나 의복에 사용된다. 유레아 수지를 이용하여 단추 모양으로 성형하는 방식으로 제작된다. 유레아는 대표적인 합성수지 단추 소재이며, 멜라민도 주방용품 등에 사용된다.

유레아 단추 〈출처–동대문단추왕〉

5) **친환경 단추**(upcycle button) : 친환경에 사용되는 단추는 옥수수전분을 가지고 만든다. 옥수수전분으로는 일반적으로 10~25mm 크기의 다양한 사이즈의 단추를 만들 수 있다. 모든 의류의 앞면과 소매, 칼라 등에 사용이 가능하다. 친환경 재료에 초점이 맞추어지는 트렌드에 맞게 원단과 함께 친환경재료로 환영받고 있는 단추이다.

친환경 단추 〈출처–동대문단추왕〉

2. 금속 단추

금속 단추는 의류, 가방, 신발 등 다양한 패션 아이템에 사용되는 단추 유형 중 하나이다. 금속 소재로 만들어져 있어 내구성이 뛰어나며, 고급스러운 느낌을 준다.

일반적으로 10mm, 13mm 등의 크기로 제공되며, 코트나 재킷 등의 아우터에 많이 사용된다. 금속 단추는 의류나 액세서리에 사용되는 다양한 디자인의 단추다. 주로 황동, 철, 알루미늄, 스테인리스스틸 등의 금속으로 만들어지며, 다양한 마감 처리와 도금 기술을 통해 다양한 색상과 마감 효과를 얻을 수 있다.

금속 단추 종류 〈출처–동대문단추왕〉

1) **캐스팅 단추**(Casting Button) : 금속 단추의 한 종류로, 금속을 주조하여 만든 단추이다. 주로 코트, 재킷 등의 의류에 사용되는 고급스러운 단추 유형이다. 금속을 주조하여 제작되므로 단단하고 내구성이 좋고, 다양한 디자인과 색상으로 제작될 수 있어 고급스러운 외관을 연출할 수 있다. 따라서 일반 금속 단추에 비해 가격이 다소 높으나 코트, 재킷 등의 의류에 사용된다.

캐스팅 단추 〈출처–동대문단추왕〉

2) **신주(깡통)단추** : 구리와 아연 합금으로 만들어진 단추이다. 주물 공정을 통해 제작되며, 신주단추라고도 불린다. 가벼운 무게와 저렴한 가격이 특징이다. 또한 대량 생산이 가능하여 경제적이며, 다양한 디자인으로 제작될 수 있다.

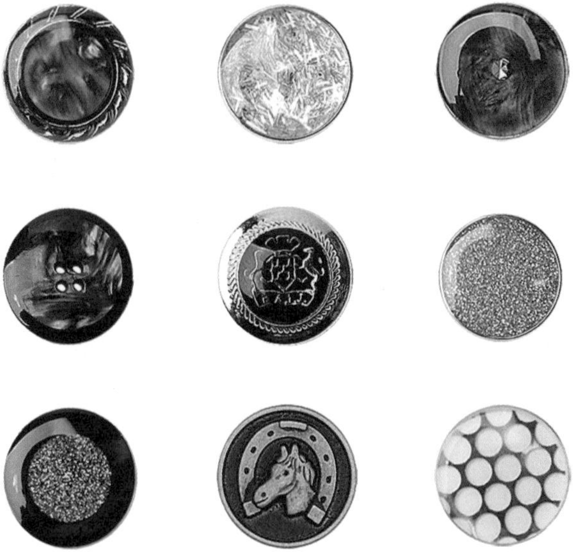

신주(깡통)단추 〈출처–동대문단추왕〉

3) **청바지**(흔들이) **단추** : 단추를 누르면 흔들리는 특징이 있다. 일반적으로 15mm, 17mm, 20mm, 23mm 등의 사이즈로 사용되며, 니켈, 청동 등 다양한 소재가 사용되고, 주로 청바지, 재킷, 멜빵 등의 의류 제품에 사용된다.

청바지(흔들이단추) 〈출처–동대문단추왕〉

4) **스냅 단추**(**snapbutton**) : 일반적으로 '똑딱단추'로 불리며, 재킷이나 소품의 여밈에 사용되는 단추다. 플라스틱 소재와 금속 소

재로 나뉜다. '스프링 스냅'과 '링 스냅' 두 가지 종류가 있다.

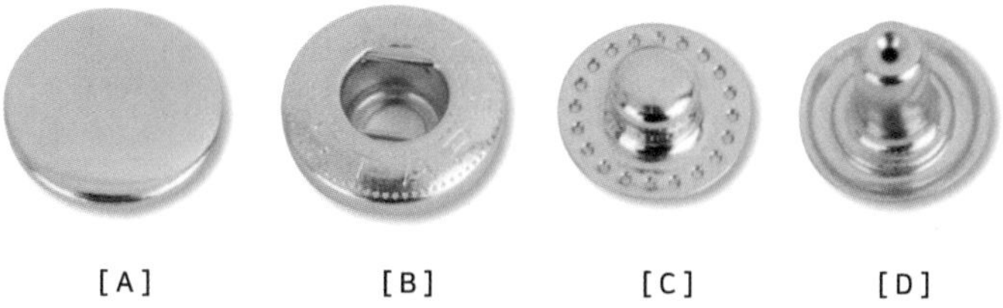

링타입 스냅 〈출처–동대문단추왕〉

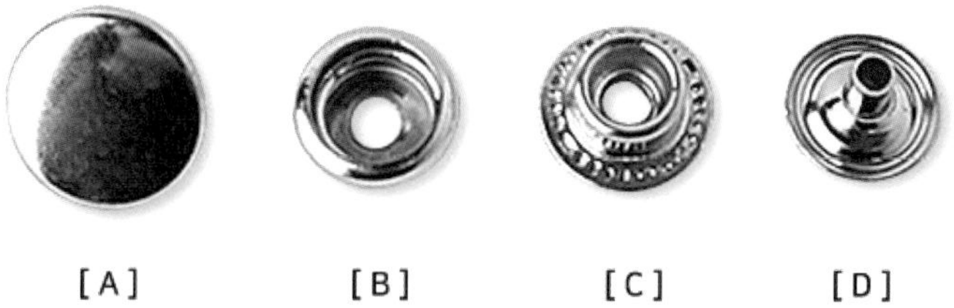

스프링타입 스냅 〈출처–동대문단추왕〉

5) **후크앤아이**(Hook and Eye) : 단추나 스냅 등을 채워 옷의 핏을 조절하거나 고정시키는 데 사용된다. 금속 후크와 금속 아이(고리)로 구성되어 있어 옷을 쉽게 여밀 수 있다. 브래지어, 코르셋, 스커트 등 다양한 의복에 사용되며 편리한 여밈 기능을 제공한다.

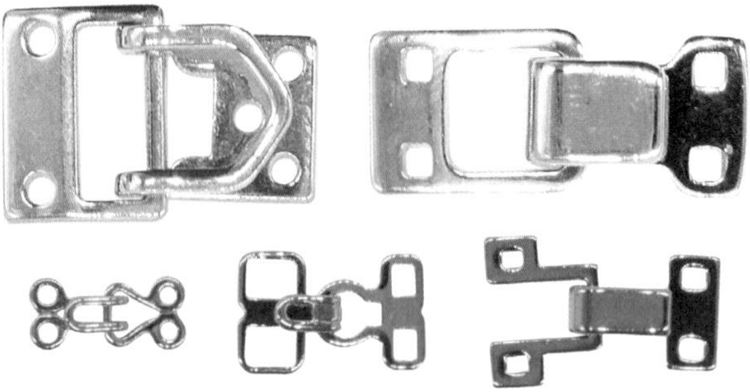

훅크 앤 아이 〈출처–동대문단추왕〉

6) **커프스 단추**(cuffs button) : 셔츠의 소매 끝에 부착되는 단추를 말한다. 드레스 셔츠의 소매 부분에 사용되는 장식적인 단추이다. 주로 격식을 갖출 때 사용되며, 보석류나 금속 소재로 만들어진다.

커프스단추 〈출처–동대문단추왕〉

3. 천연 소재 단추

천연 소재 단추는 나무, 뿔, 조개껍데기 등 자연에서 얻은 소재로 만들어진 단추다. 이러한 단추들은 친환경적이며, 각기 다른 독특한 질감과 색상을 가지고 있어 의류에 자연스러운 아름다움을 더한다. 천연 단추는 다양한 자연 재료로 만들어진 단추다. 주로 다음과 같은 재료로 만들어진다.

천연 소재 단추 〈출처–동대문단추왕〉

1) **자개 단추**(pearl button) : 천연 조개 껍데기로 만든 고급스러운 단추다. 조개 껍데기의 독특한 광택과 질감이 특징이며, 의복에 고급스러운 느낌을 더한다. 자개버튼은 주로 셔츠, 재킷, 코트 등의 고급 의류에 사용된다.

자개 단추 〈출처–동대문단추왕〉

2) **소뿔 단추**(horn button) : 물소뿔로 만들어진 고급 남녀 성인복에서 가장 많이 사용되는 단추이다. 소뿔만의 감촉과 무게감, 컬러감이 고급스러움을 더한다.

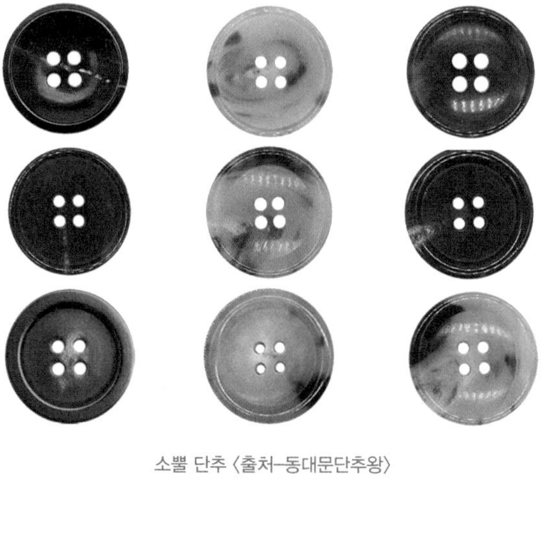

소뿔 단추 〈출처–동대문단추왕〉

3) **너트 단추**(nut button) : 에콰도르 타구나 야자 열매의 씨앗으로 만들어진 너트를 가공하여 만든 단추로, 자연스러운 패턴과 색감으로 인기가 있다.

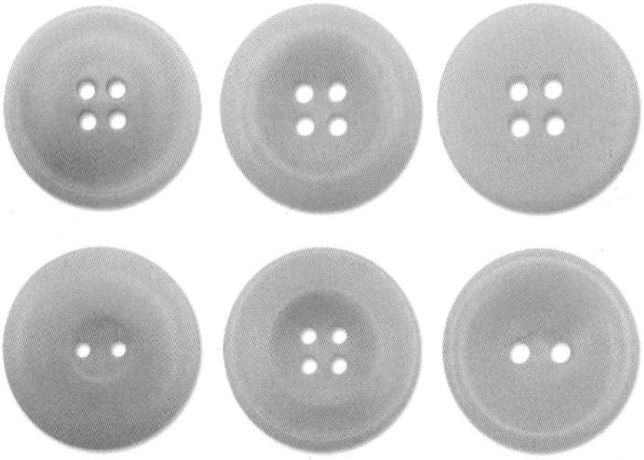

너트 단추 〈출처–동대문단추왕〉

4) **나무 단추**(wood button) : 다양한 나무 종류를 사용하여 만든 단추로, 나무의 자연스러운 무늬와 색감을 즐길 수 있다.

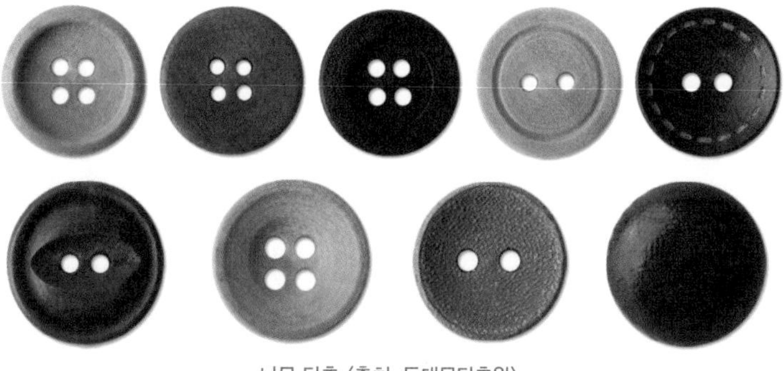

나무 단추 〈출처–동대문단추왕〉

5) **가죽 단추**(leather button) : 의류, 가방, 신발 등 다양한 제품에 사용되는 단추 종류이다. 천연 가죽 소재로 만들어져 고급스러운 느낌을 주며, 내구성과 내마모성이 뛰어나다. 다양한 색상과 크기로 제작되어 제품의 스타일을 돋보이게 해준다.

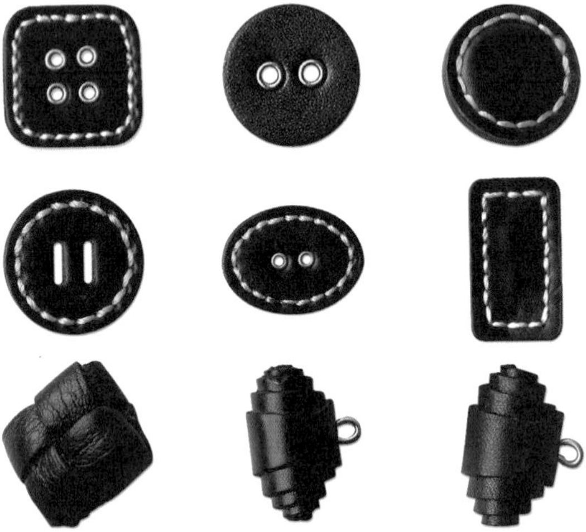

가죽 단추 〈출처–동대문단추왕〉

4. 기타 단추

기타 단추는 전통적인 단추와는 다른 독특한 소재나 디자인을 가진 단추를 말한다. 이러한 단추들은 의류나 액세서리에 특별한 포인트를 주고 싶을 때 사용한다.

- 기타 단추
  - 1.싸개 단추
  - 2.아크릴 단추
  - 3.토글 단추
  - 4.만다린 단추
  - 5.크로셰 단추
  - 6.벌크로 단추
  - 7.자석 단추
  - 8.플라스틱 스냅단추
  - 9.고무 단추

기타 단추 종류 〈출처-동대문단추왕〉

1) **싸개 단추**(Covered Button) : 천이나 가죽으로 덮인 단추로, 옷감과 같은 재료를 사용하여 만들어 옷과 조화를 이룬다.

싸개 단추 〈출처-동대문단추왕〉

2) **아크릴 단추**(acrly button) : 독특한 디자인과 고급스러운 느낌을 주는 단추다. 과거에는 사람들이 유리 단추 안에 말린 꽃, 사랑하는 이의 머리카락, 작은 곤충 등을 넣어 보관하기도 했다. 현재에는 패션, 홈 데코, 수공예품, 뷰티 제품 등 다양한 분야에서 활용되고 있다.

아크릴 단추 〈출처-동대문단추왕〉

3) **토글 단추**(toggle button) : 단추를 누르면 단추가 토글(전환)되는 특징이 있는 단추다. 주로 의류 제품, 가방, 신발 등에 사용된다. 금속, 플라스틱, 나무 등 다양한 소재로 제작된다. 단순한 디자인부터 장식적인 디자인까지 다양하다. 토글 기능이 있지만, 내구성이 좋다.

토글 단추 〈출처–동대문단추왕〉

4) **만다린 단추**(Mandarin Button) : 중국 전통복에서 볼 수 있는 작고 둥근 형태의 단추로, 장식적인 목적으로 주로 사용된다. '매듭단추'로도 불린다.

만다린 단추 〈출처–동대문단추왕〉

5) **크로셰 단추**(Crochet Button) : 손뜨개질로 크로셰 기법을 이용해 만든 단추를 말한다. 독특한 질감과 디자인이 특징이다.

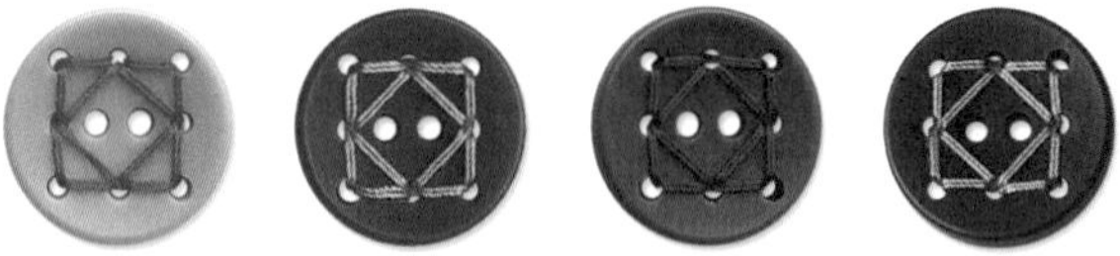

크로셰 단추 〈출처–동대문단추왕〉

6) **벨크로 단추**(velcro button) : 벨크로(찍찍이)로 만들어진 단추는 쉽게 붙이고 뗄 수 있는 장점이 있다. 주로 유아용 옷이나 스포츠 의상에 사용한다.

벨크로 단추 〈출처–동대문단추왕〉

7) **자석 단추**(magnetic button) : 일반 단추와 달리 자석을 이용해 옷이나 가방 등을 손쉽게 여닫을 수 있는 단추. 자석 단추는 원단에 바로 부착할 수 있어 편리하고, 탈부착이 쉬워 옷 수선이나 변경에 유용하다.

자석 단추 〈출처–동대문단추왕〉

8) **플라스틱 스냅 단추**(plastic snapbutton) : 플라스틱으로 만들어진 단추로 다양한 색상과 디자인으로 생산된다. 저렴하고 다양한 스타일에 적합한다.

플라스틱 스냅 단추 〈출처–동대문단추왕〉

9) **고무 단추**(lubber button) : 의복의 사이즈 조절을 위해 사용되는 특수한 단추다. 고무 소재로 만들어져 있으며, 단추 구멍이 주기적으로 배치되어 있어 버튼을 통해 길이를 조절할 수 있다. 주로 아동복이나 임산부복 등에 사용되어 편리한 사이즈 조절이 가능하다.

고무 단추 〈출처–구글〉

단추 구멍별
단추 종류

1. 구멍 1개 단추

1) **비타민 단추** : 비타민 단추는 다양한 색상의 기본 단추로, 주로 남방 의류에 사용되며, 백색을 기본 색상으로 하고 다른 색상은 염색하여 제공된다. 사이즈는 11mm, 13mm, 15mm로 다양하게 제공된다.

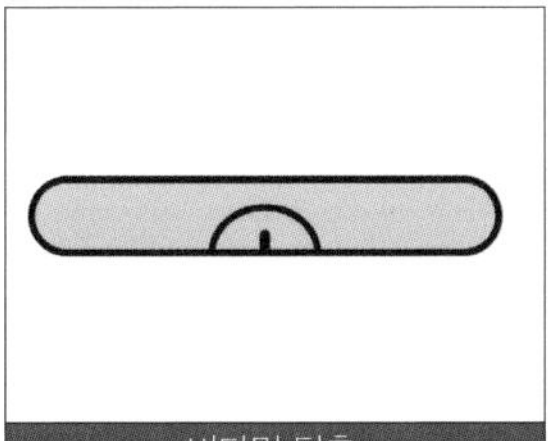

비타민 단추

〈출처–동대문단추왕〉

2) **반달 단추** : 반달 단추는 의류나 액세서리에 독특한 매력을 더해주는 장식용 단추이다. 금속, 도금 등 다양한 재질로 제공되며, 특히 의류의 포인트나 장식품으로 활용된다.

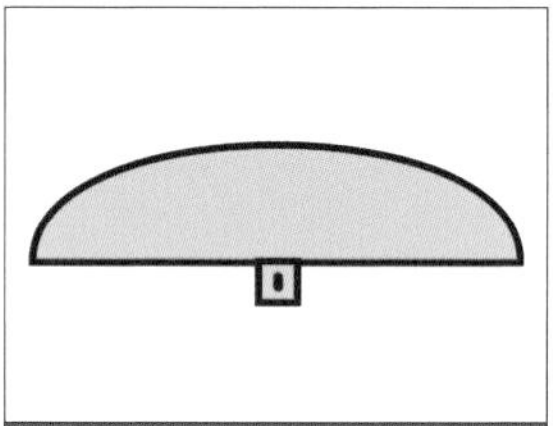

반달 단추

〈출처–동대문단추왕〉

3) **반구슬단추** : 반구슬 단추는 의류나 액세서리에 고급스러움과 우아함을 더해주는 장식용 단추이다. 특히, 투명하거나 반짝이는 재질로 만들어진 반구슬 단추는 옷이나 가방, 신발 등 다양한 패션 아이템에 포인트를 주기에 적합한다.

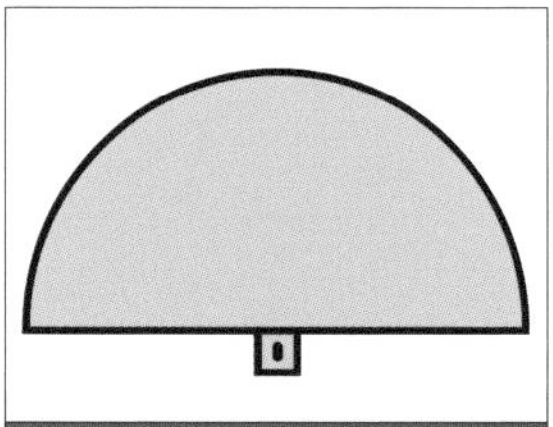

반구슬 단추

〈출처–동대문단추왕〉

4) **구슬 단추** : 구슬 단추는 다양한 크기, 색상, 재질로 제공되며,

특히 진주 구슬 단추는 고급스러움을 더한다. 구슬단추는 셔츠, 가방, 신발 등 다양한 아이템에 장식적인 요소로 활용될 수 있다.

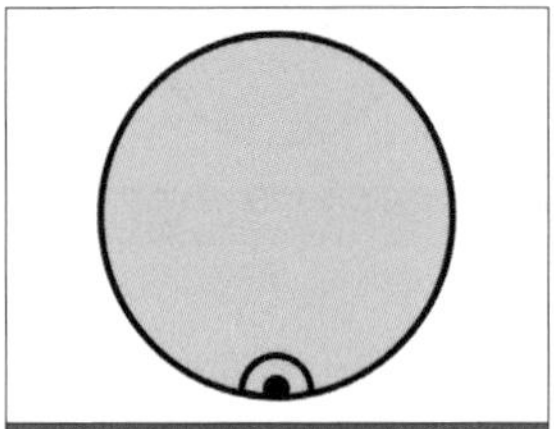

구슬 단추

〈출처-동대문단추왕〉

5) **둥근고리 단추** : 둥근고리 단추는 의류나 액세서리에 사용되는 매력적인 디자인의 단추이다. 이 단추들은 다양한 재질과 크기로 제공되며, 의류의 장식이나 기능적인 부분에서 중요한 역할을 한다.

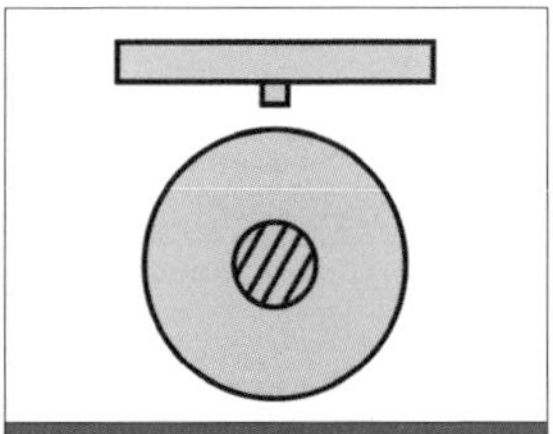

둥근고리 단추

〈출처-동대문단추왕〉

6) **분동고리 단추** : 다양한 재봉 및 뜨개질 용품, 버튼, 레이스, 장

식 재료, 자수 용품 등이 판매되고 있는 것을 확인할 수 있었다.

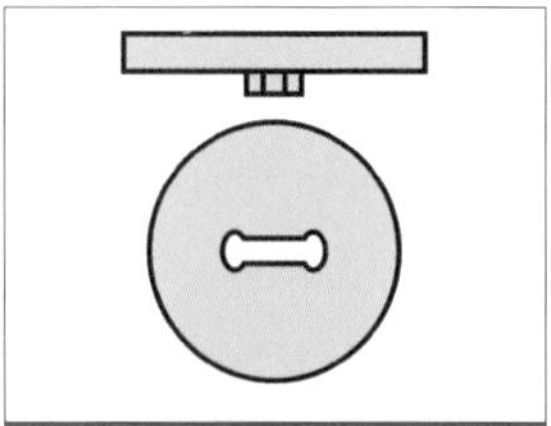

분동고리 단추
〈출처–동대문단추왕〉

7) **아치고리 단추** : 아치고리 단추는 의류나 액세서리에 사용되는 독특한 형태의 단추로, 고리가 달린 디자인이 특징이다. 이러한 단추는 니트 등의 다양한 작품에 고급스러운 느낌을 더해줄 수 있다.

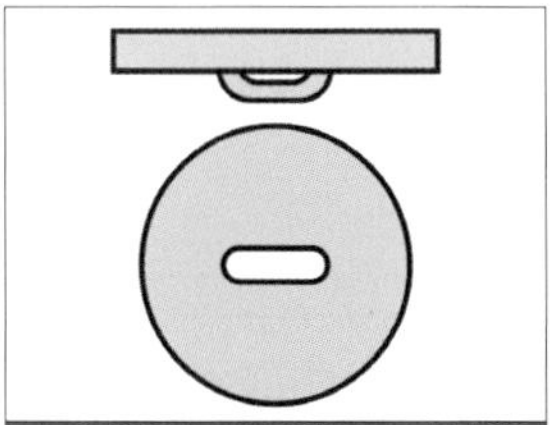

아치고리 단추
〈출처–동대문단추왕〉

8) **선저고리 단추** : 선저고리 단추는 한복의 저고리 부분에 사용되는 매듭단추로, 한복의 아름다움을 더해주는 중요한 요소 중 하나이다. 이 매듭단추는 전통적인 방식으로 제작되며, 한복을

더욱 고급스럽고 세련되게 보이도록 한다.

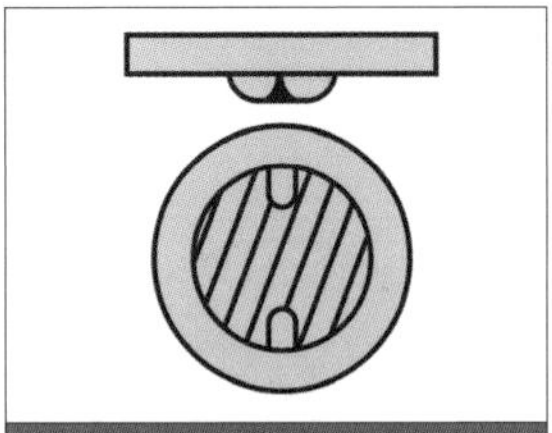

선저고리 단추

〈출처–동대문단추왕〉

9) **텐넬고리 단추** : 텐넬고리 단추는 다양한 크기와 디자인으로 제공되어, 여러분의 창의적인 핸드메이드 프로젝트에 활용할 수 있다.

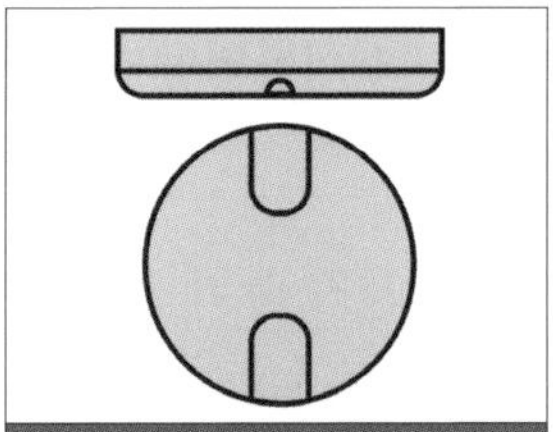

텐넬고리단추

〈출처–동대문단추왕〉

2. 구멍 2개 단추

1) **2열 이도매치**(2공실길) **단추** : 2공실길 단추는 의류나 액세서리에 사용되는 기본적인 단추 유형 중 하나이다. 이 단추는 두 개

의 구멍이 있어 실로 옷감에 꿰매어 고정한다. 다양한 재질(플라스틱, 금속, 나무 등)과 색상, 크기로 제공되어 의류의 실용성과 미적 요소를 모두 충족시킬 수 있다.

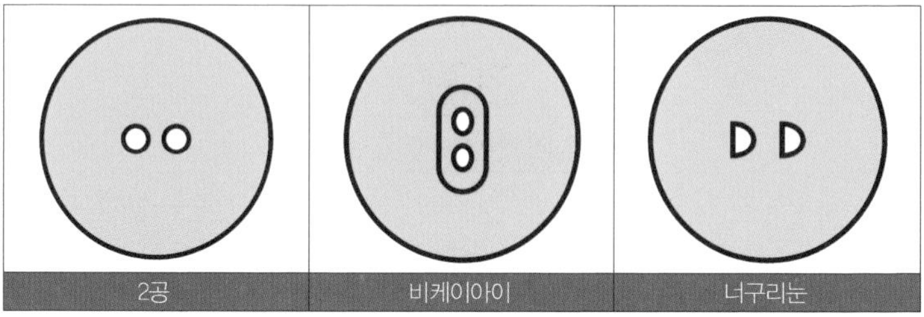

두 구멍 단추 〈출처-동대문단추왕〉

사용처 및 장점

- **의류** : 셔츠, 블라우스, 아동복 등 다양한 의류에 사용한다. 간단한 디자인으로 클래식하거나 미니멀한 스타일을 선호하는 의류에 적합한다.
- **액세서리** : 가방이나 모자 등의 액세서리에도 2공실길 단추를 활용할 수 있다. 작은 디테일로 포인트를 주기 좋다.
- **장점** : 간단하고 실용적인 디자인으로, 다양한 의류에 쉽게 매치할 수 있으며, 꿰매는 방법도 간단해 DIY 프로젝트에도 적합하다.

3. 구멍 4개 단추

1) **4열 이도매치(4공실길) 단추** : 4공실길 단추는 의류나 액세서리에 사용되는 단추 중 하나로, 네 개의 구멍이 있어 실로 옷감에 꿰매어 고정하는 방식이다. 이러한 단추는 다양한 재질, 색상, 크기로 제공되며, 의류의 실용성과 미적 요소를 모두 충족시킬 수 있다.

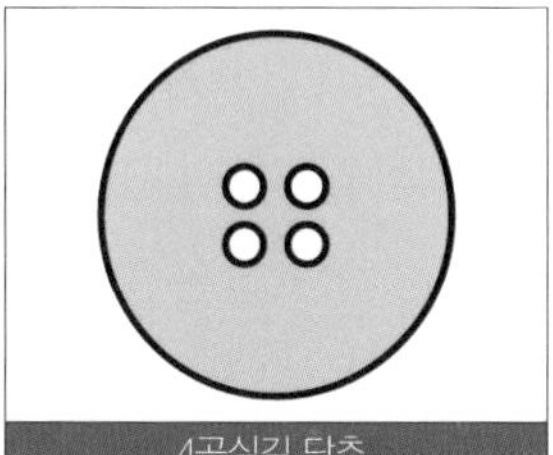
4공실길 단추

4구멍 단추 〈출처-동대문단추왕〉

4공실길 단추의 특징 및 사용처

- **특징** : 4개의 구멍을 통해 다양한 방식으로 꿰맬 수 있어, 단추의 고정력을 강화하고 디자인적 요소를 더할 수 있다.
- **사용처** : 주로 겉옷, 코트, 재킷 등 두꺼운 옷감에 사용되며, 가방이나 모자와 같은 액세서리에도 활용된다.
- **장점**
  - **고정력** : 4개의 구멍을 통해 꿰매는 방식이기 때문에, 단추가 더욱 견고하게 고정된다.
  - **디자인 다양성** : 다양한 꿰매기 패턴을 통해 의류나 액세서리에 독특한 디자인 요소를 추가할 수 있다.

4. 기타 구멍

의류나 액세서리에 사용되는 특별한 유형의 단추로, 상상력과 아이디어로 만들어지는 단추이다. 당연히, 기본 루틴에서 제작되어지는 방법이 아니기에 생산성은 현저히 떨어진다.

단추라기보단, 브로치 등 액세서리 측면이 강하고 고정을 시키는 방법 또한 일반적인 단추자동기계로는 불가능하며, 수작업으로 단추 뒷면에 고리나 줄기가 달려 있어 옷감에 고정된다. 이러한 구조는 단추와 옷감 사이에 공간을 만들어 주어, 두꺼운 옷감이나 겉옷에 주로 사용한다.

- **단추의 특징 및 사용처**
  - **특징** : 단추 뒷면에 고리나 줄기가 있어, 옷감과 단추 사이에 공간을 만들어 준다. 이는 단추를 쉽게 잠그고 풀 수 있게 해준다.
  - **사용처** : 주로 겉옷, 코트, 재킷 등 두꺼운 옷감에 사용되며, 액세서리에도 활용된다.
- **장점**
  - **고정력** : 줄기가 옷감을 통과하여 고정되기 때문에, 단추가 견고하게 고정된다.
  - **실용성** : 두꺼운 옷감에 적합하며, 사용하기 쉽다.

단추 모양별 단추 종류

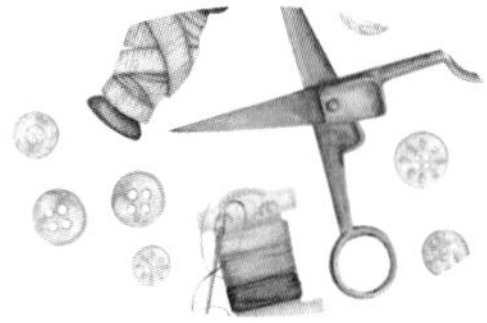

단추의 모양은 정말 무궁무진하다, 가공기계로 작업된 정상적인 형태와 수작업으로 작업된 비정방형의 단추들이 혼재되어 있기 때문이다. 일상적으로 가장 많이 사용되는 모양부터 알아보기로 하자.

1) **원형 단추**(Round buttons) : 가장 일반적인 형태의 단추로, 원형으로 제작된다.

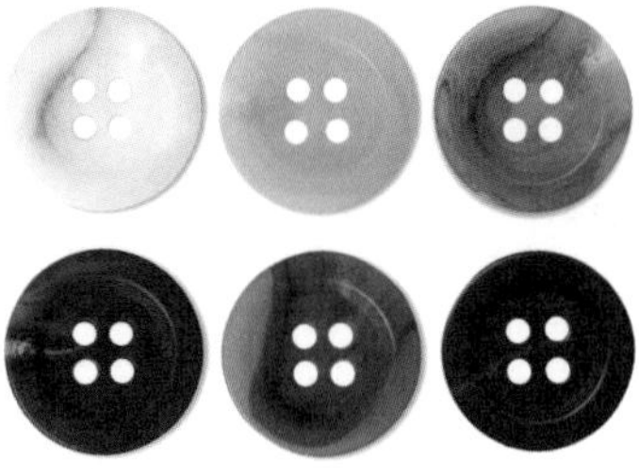

2) **다각형 단추**(Polygon buttons) : 원형이 아닌 다각형 모양의 단추다. 정삼각형, 정사각형, 정오각형 등 다양한 모양이 있을 수 있다.

3) **기타 형태 단추**(etc buttons) : 여밈의 기능을 지닌 단추로써, 형태로 지정할 수는 없는 하트, 클로버, 꽃, 앵커, 별, 동물 모양 등 여러 가지가 있다.

하트 모양 〈출처–동대문단추왕〉

꽃 모양 〈출처–동대문단추왕〉

별 모양 〈출처–동대문단추왕〉

동물 모양 〈출처–동대문단추왕〉

3장

단추 제작 방법

자동기계 가공 방법

단추를 자동으로 가공하는 기계는 의류 제작 과정에서 중요한 역할을 한다. 이러한 기계들은 효율성을 높이고, 생산 시간을 단축시키며, 일관된 품질의 단추를 제작할 수 있게 해준다.

최신 기술을 활용한 기계를 도입하면 생산성을 높이고, 더 높은 품질의 제품을 만들 수 있다.

단추 제작은 재료와 디자인에 따라 다양한 방법이 사용될 수 있다. 각각의 제작 방법은 장단점이 있으며, 원하는 단추의 스타일과 사용 목적에 따라 선택할 수 있다.

단추의 무게는 단추의 종류, 크기, 재질 등에 따라 다를 수 있다. 일반적으로 단추의 무게는 매우 가벼우며, 보통 몇 그램(g)에서 몇십 그램(g) 정도다.

플라스틱이나 나무와 같은 가벼운 재료로 만들어진 단추는 보통 매우 가벼운 편이며, 몇 그램(g) 정도의 무게를 가지고 있다. 반면에 금속(예: 황동, 철, 알루미늄)으로 만들어진 단추는 조금 더 무거운 편이며, 몇 십 그램(g) 정도의 무게를 가질 수 있다.

1. 사출 가공 방법

사출단추는 주로 플라스틱이나 금속 재료를 사용하여 사출 성형 기법으로 제작된다. 이 과정은 고온으로 녹인 재료를 단추의 형태를 갖춘 금형에 주입하여 굳히는 방식으로 이루어진다. 사출단추 가공 방법은 효율적이며 다양한 디자인과 형태의 단추를 대량으로 생산할 수 있는 장점이 있다.

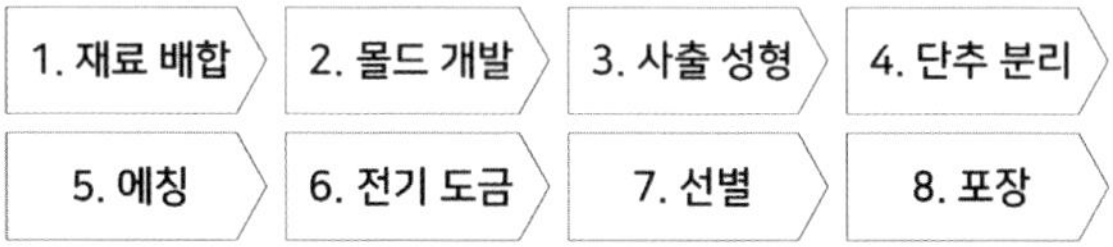

플라스틱 사출버튼 제조 공정

1) **원료** : 열가소성 단추의 원료에는 ABS 수지, 나일론, 아크릴 등이 있다. 그들은 합성 수지로 간주된다. 내열성, 저온 및 내화학성, 가공 및 성형 용이성, 우수한 표면 광택 및 기타 열가소엔지니어링 플라스틱으로 널리 사용되는 이유이다.

ABS 수지원료 〈출처–sunmeibutton.com〉

2) **버튼 몰드 개발** : 버튼 생산에서 가장 중요한 것은 금형이다. 제조업체는 금형 제조업체와 협력하여 버튼 디자인에 따라 적절한 금형을 개발한다. 각 쌍의 금형 크기와 디자인도 수요를 위해 개발된다. 금형의 품질은 버튼의 품질에 영향을 미친다.

버튼 몰드 〈출처–sunmeibutton.com〉

3) **사출 성형** : 금형을 사용할 수 있고 ABS 원료가 준비되면 생산 준비가 된 것이다. 먼저 기계에 금형을 설치하고 기계의 온도, 압력 등의 생산 조건을 설정한다. ABS 재료는 플라스틱 사출기를 통해 기계의 배럴에서 가열되고 녹는다. 액체 상태일 때 용융 플라스틱은 압축되어 플런저 또는 나사의 압력으로 앞으로 이동한 다음 배럴 전단의 노즐을 통과한다. 닫힌 금형에 더 낮은 온도로 빠른 속도로 주입된다. 일정 기간의 냉각 및 경화 후 금형을 열어 제품을 얻는다.

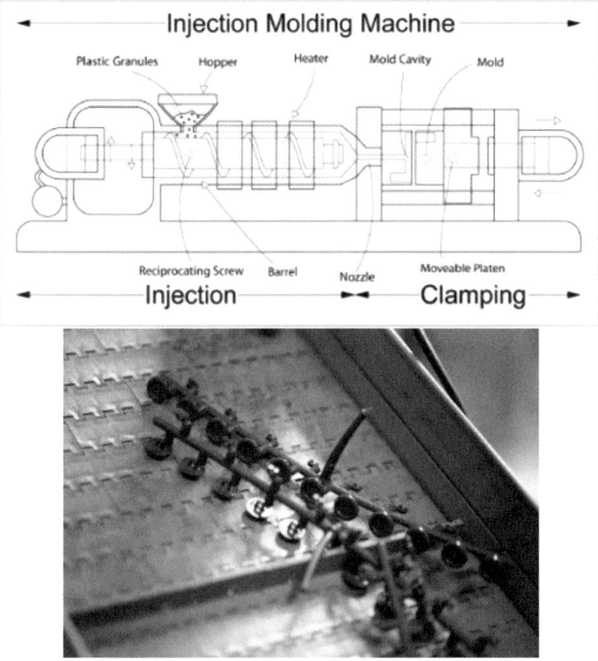

압축 방법과 반제품 〈출처–sunmeibutton.com〉

4) **버튼과 러너 분리** : ABS 버튼은 성형되어 있으므로 버튼 분리기로 제품을 분리해야 한다. 이 단계는 전체 금형의 버튼을 버튼 기계에 넣는다. 몇분 동안 믹싱하면 버튼이 러너에서 분리되고 반제품 버튼이 제거된다.

단추와 줄기 분류작업 〈출처-sunmeibutton.com〉

5) **에칭** : 골재 분리 후 ABS 반제품을 패들휠과 유사한 기계를 이용하여 그 안에 넣고, 압연시 기계에 마찰을 일으키기 위해 석회가루와 물을 첨가한다. 이 공정은 제품의 사출 게이트와 가장자리를 더 매끄럽게 만들 수 있다. 또한 ABS 제품은 표면에 더 많은 기공을 가질 수 있어 도금의 내구성을 높일 수 있다.

에칭 〈출처-sunmeibutton.com〉

6) **전기도금 하기** : 생산된 ABS 버튼에는 추가 가공이 필요한 회색-검은색 반제품이 있다. 도금은 가장 일반적으로 사용되는 후처리 방법으로 진공 도금과 전기 도금으로 나뉜다. 여기서 소개하는 생산 절차는 전기 도금 방법이다. 전기 분해 원리를 사용하여 도체를 금속 스트라이크 층으로 덮은 다음 타격 후 버튼을 후크에 놓고 산성 구리 용액과 필요한 도금 효과로 도금한 다음 마지막으로 버튼을 후크에서 분리한다.

도금 준비, 진행 과정 〈출처-sunmeibutton.com〉

7) **완제품** : 전기 도금이 완료되면 버튼이 완성된다.

완성품 〈출처-sunmeibutton.com〉

이제 ABS 플라스틱 버튼이 어떻게 만들어지는지 알 수 있을 것이다. 가장 눈에 띄는 특징은 모양이 쉽기 때문에 다양한 디자인으로 버튼을 개발하고 만들 수 있다는 것이다. 전기 도금 후 버튼은 금속 질감을 갖는다. 금, 은, 빈티지 구리 방지 효과는 일반적인 전기 도금 효과이다.

플라스틱 버튼의 생산 공정을 이해하면 같은 플라스틱 버튼이라도 ABS 전기 도금 버튼이 수지 버튼보다 모양이 더 다양하다는 것을 알 수 있다. 따라서 코트, 군복, 셔츠와 같은 의류에 사용하기에 더 적합하다. 예컨대 은색, 금색 또는 빈티지 색상으로 도금된 ABS 플라스틱과 같은 플라스틱 의류 단추는 코트, 군복 및 스웨터에 널리 사용한다.

그 외에도 코트, 스웨터 또는 신발 장식에 사용되는 플라스틱 아크릴 단추와 같은 패션 버튼도 찾아볼 수 있다.

2. 블랭크 가공방법

블랭크 단추는 의류나 액세서리에 사용되는 중요한 부품 중 하나이다. 이러한 단추를 제작하는 과정은 여러 단계를 거치며, 각 단계는 단추의 품질과 외관에 큰 영향을 미친다. 아래에서는 블랭크 단추 가공 방법에 대한 몇 가지 정보를 소개한다.

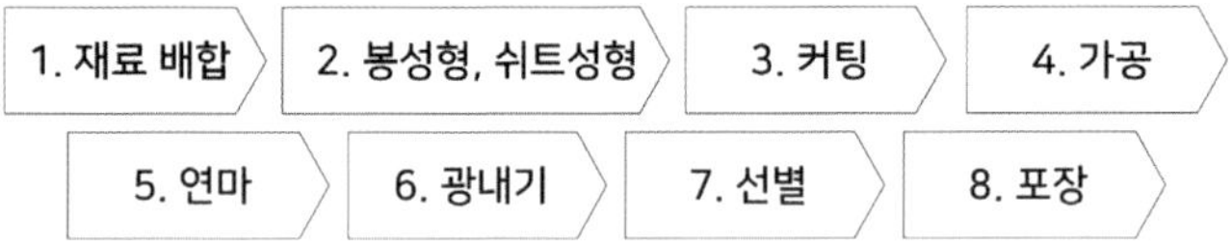

- **단계별 과정** : 전통적인 인공 단추 제조 방법은 시트 성형, 1차 및 2차 블랭크 형성, 단추 가공, 표면 마감, 세척 및 탈수 건조 등 여러 단계를 포함한다.

- **인공 관절 단추 제조 장치 및 방법**
  - **장치 및 공급 방법** : 이 발명은 펀칭으로 형성된 다수의 블랭크를 공급하는 진동 회전 호퍼와 호퍼의 상부에 장착된 장치를 포함하는 인공 관절 단추 제조 장치 및 방법에 관한 것이다.

• **블랭크 단추의 현대적 가공 방법**

- **레이저 가공을 통한 로고 새기기** : 블랭크를 앞면과 뒷면으로 분리하고, 형태를 만들고, 단추 구멍을 만들며, 레이저 가공을 사용하여 로고를 새기는 과정을 포함한다.

• **밀도의 색상과 패턴을 나타내는 단추 제조 방법**

- **자동 기계를 사용한 가공** : '블랭크'를 자동 기계를 사용하여 가공함으로써 밀도의 색상과 패턴을 나타내는 단추를 제조하는 방법이다.

❶ 재료 배합 〈출처–Timothy Rose〉

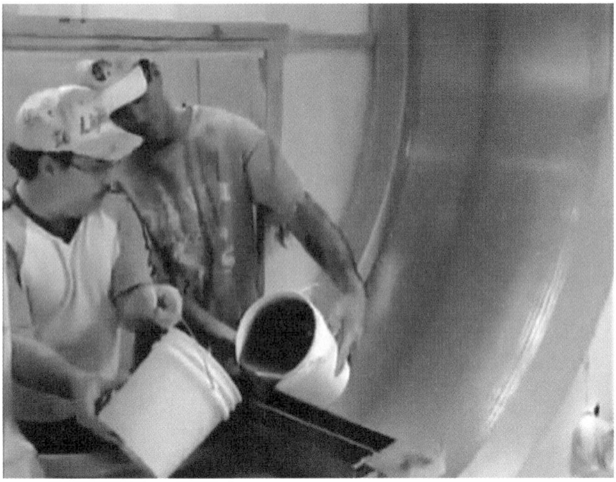

❷ 쉬트 성형 〈출처-Timothy Rose〉

❸ 재료 가공 〈출처-Timothy Rose〉

❹ 커팅 〈출처-Timothy Rose〉

❺ 사이즈 선별 〈출처-Timothy Rose〉

❻ 커팅 완료 〈출처–Timothy Rose〉

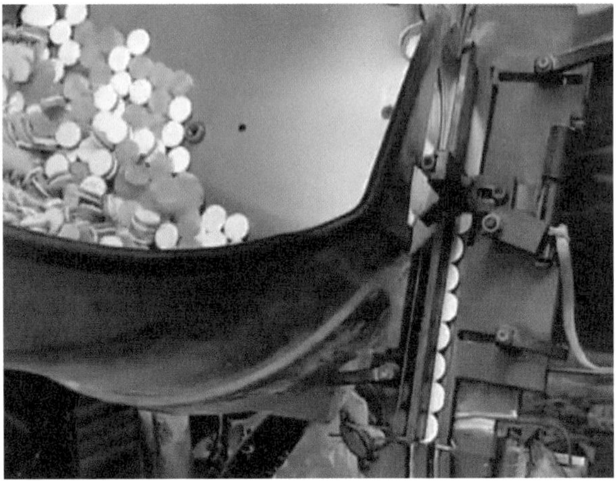

❼ 자동가공기 〈출처–Timothy Rose〉

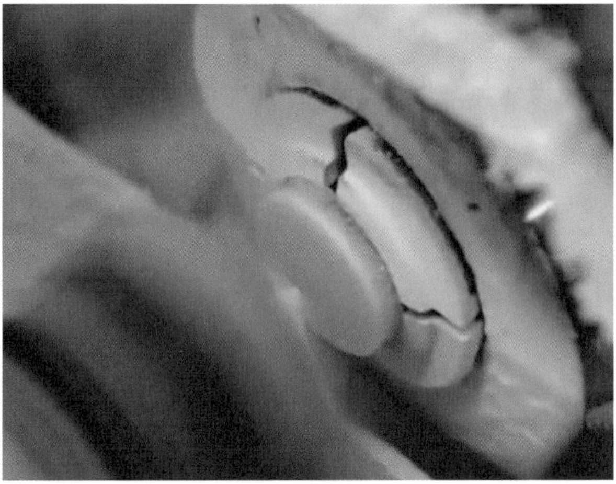

❽ 가공1 〈출처-Timothy Rose〉

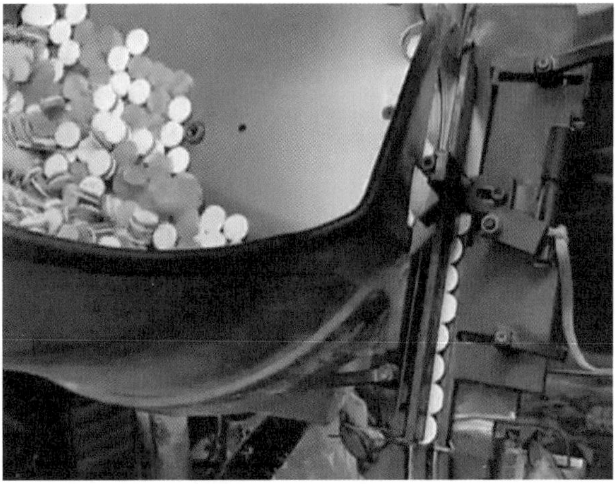

❾ 가공2 〈출처-Timothy Rose〉

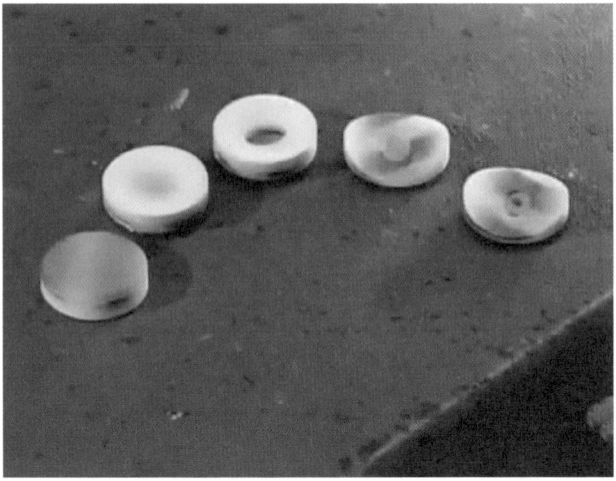

⑩ 단추 가공별 형태 〈출처-Timothy Rose〉

⑪ 연마 〈출처-Timothy Rose〉

⓬ 광내기 〈출처–Timothy Rose〉

캐스팅 단추

- **캐스팅 단추의 기본 가공 과정**
  - **재료 선택** : 캐스팅 단추 제작에 사용되는 재료는 금속, 수지 등 다양하며, 제품의 용도와 디자인에 따라 적합한 재료를 선택한다.
  - **금형 제작** : 원하는 단추의 형태와 디자인에 맞는 금형을 제작한다. 이 과정에서 정밀한 디자인이 가능하며, 금형의 품질이 최종 제품의 품질에 큰 영향을 미친다.
  - **재료 녹이기 및 주입** : 선택한 재료를 고온에서 녹인 후, 준비된 금형에 주입한다. 이때, 재료가 금형의 모든 부분에 고르게 분포되도록 주의해야 한다.
  - **냉각 및 탈형** : 재료가 금형 안에서 완전히 굳은 후, 금형에서 단추를 분리한다. 이 과정에서 단추의 표면 처리나 추가

적인 마감 작업이 필요할 수 있다.

- **캐스팅 단추의 장점**
  - **디자인의 다양성** : 캐스팅 공정을 통해 복잡하고 세밀한 디자인의 단추를 제작할 수 있다. 이는 캐스팅 단추가 패션 산업에서 널리 사용되는 이유 중 하나이다.
  - **재료의 다양성** : 금속, 수지 등 다양한 재료를 사용하여 캐스팅 단추를 제작할 수 있어, 제품의 용도와 디자인에 따라 최적의 재료를 선택할 수 있다.

캐스팅 단추 가공 방법은 디자인의 다양성과 재료의 선택 폭이 넓다는 장점을 가지고 있다. 이를 통해 패션 산업에서 요구하는 다양한 스타일과 기능을 충족시키는 단추를 제작할 수 있다.

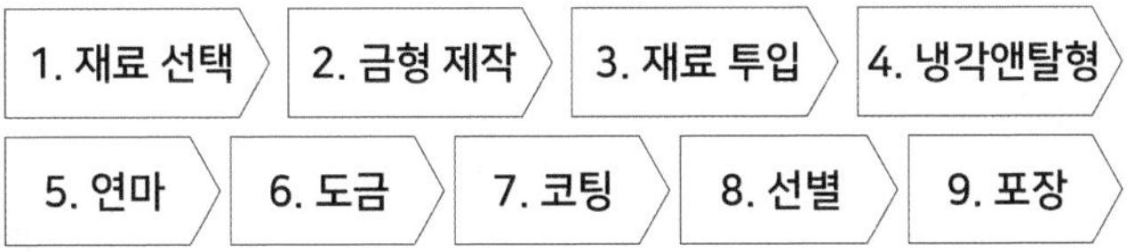

❶ 캐스팅 단추 재료 신주덩어리 〈출처–Mega Process〉

❷ 재료를 녹이는 과정 〈출처–Mega Process〉

❸ 재료를 몰드에 주입 과정 〈출처–Mega Process〉

❹ 성형이 된 직후 제품 〈출처–Mega Process〉

❺ 제품을 연마기에 넣는 과정 〈출처–Mega Process〉

❻ 제품 도금 넣는 과정 〈출처–Mega Process〉

❼ 제품 도금 과정 〈출처–Mega Process〉

❽ 제품 도금 후 과정 〈출처–Mega Process〉

❾ 제품 코팅 과정 〈출처–Mega Process〉

❿ 제품 코팅 후 과정 〈출처–Mega Process〉

BRAS 가공 방법
: 신주철판을 구부려 가공

Brass(황동) 단추는 그 특유의 골드 같은 색상과 내구성으로 인해 많은 패션 아이템에 사용한다. 황동 단추의 가공 방법은 재료의 특성과 원하는 최종 제품의 형태에 따라 다양할 수 있다.

1. 재료 선택 〉 2. 금형 제작 〉 3. 재료 투입 〉 4. 가공 〉
5. 연마 〉 6. 도금 〉 7. 코팅 〉 8. 선별 〉 9. 포장

❶ 신주 재료 〈출처-BSK Creation〉

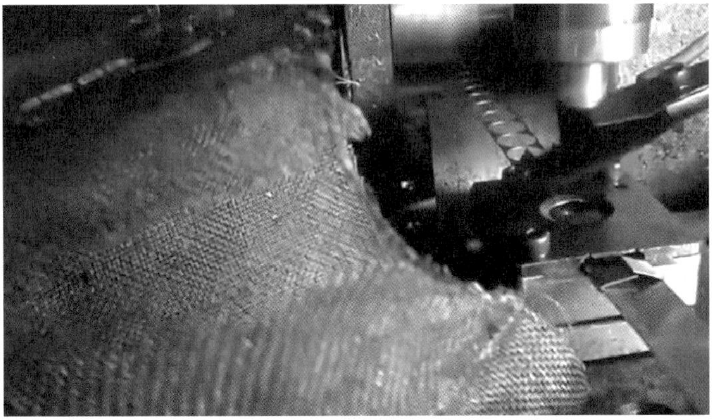

❷ 재료 투입 〈출처-BSK Creation〉

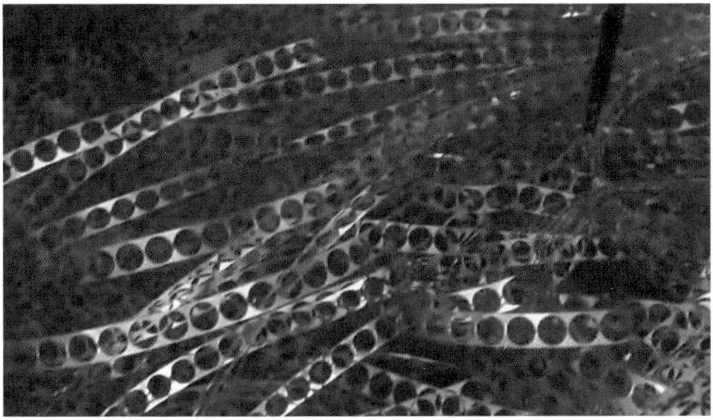

❸ 가공 〈출처-BSK Creation〉

❹ 가공1 〈출처-BSK Creation〉

❺ 가공 완료 제품 〈출처–BSK Creation〉

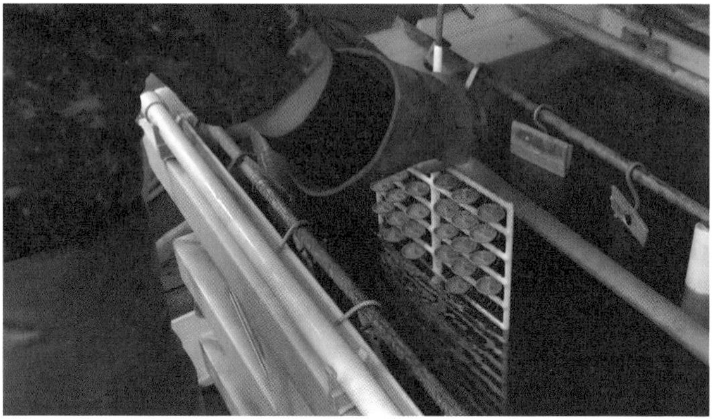

❻ 도금 준비 〈출처–Mega Process〉

❼ 도금액 투입 〈출처–Mega Process〉

❽ 선별 〈출처–BSK Creation〉

- **Brass 단추의 기본 가공 과정**
  - **재료 준비** : 황동은 구리와 아연의 합금으로, 일반적으로 구리 70%, 아연 30%의 비율로 구성된 문츠 메탈(6-4황동)을 사용한다. 이 합금은 연실율이 높고 상온 가공에 적합하여 복잡한 가공물 제작에 우수하다.
  - **CNC 가공** : Brass는 CNC(Computer Numerical Control) 가공 방법으로도 처리될 수 있다. 이 방법은 고속 처리와 높은 재료 제거율을 가능하게 하여, 엄격한 허용 오차를 요구하는 제품의 제조에 효율적이다.

- **Brass 단추의 장점**
  - **디자인의 다양성** : CNC 가공과 같은 현대적인 기술을 사용하여 다양하고 복잡한 디자인의 단추를 제작할 수 있다.
  - **색상과 내구성** : 황동의 골드 같은 색상과 우수한 내구성은 패션 아이템에 고급스러움을 더한다.

Brass 단추는 그 고유의 색상과 내구성 덕분에 많은 사랑을 받고 있으며, 현대적인 가공 기술을 통해 다양한 디자인과 형태로 제작될 수 있다. CNC 가공과 같은 기술은 정밀한 디자인 구현을 가능하게 하여, 더욱 다양한 패션 아이템에 활용될 수 있다.

수가공 방법

• 수가공 프로세스

1. 재료 선택 → 2. 재료 생산 → 3. 모양 결정 → 4. 수가공 → 5. 연마 → 6. 광내기 → 7. 선별 → 8. 출고

• 수가공 단추의 가공 방법

- 수가공 단추는 의류나 액세서리에 직접 꿰매어 사용되는 단추로, 다양한 재료와 디자인으로 제작된다. 수가공 단추의 제작 과정은 재료의 선택부터 최종 제품의 마감까지 여러 단계를 거친다.

❶ 재료 선택 〈출처–TAKUMI LINKS〉

❷ 재료생산 〈출처–TAKUMI LINKS〉

❸ 수가공 〈출처-TAKUMI LINKS〉

❹ 가공 완성 〈출처-TAKUMI LINKS〉

❺ 연마하기 〈출처–TAKUMI LINKS〉

❻ 광내기 〈출처–TAKUMI LINKS〉

❼ 제품 선별 〈출처-TAKUMI LINKS〉

❽ 수가공 작업 〈출처-저자 공장 작업현장〉

- 수가공 단추의 기본 가공
  - **원료 추출 및 단추 블랭크 제작** : 원하는 재료에서 단추의 원형이 될 블랭크를 추출하는 과정이다. 이 단계에서는 재료의 특성에 맞는 가공 방법을 선택하여 단추의 기본 형태를 만든다.
  - **디자인 및 세부 가공** : 단추 블랭크에 디자인을 적용하고 세부적인 가공을 통해 최종적인 모양과 디테일을 완성한다. 이 과정에서는 조각, 새김, 도금 등 다양한 기술이 사용될 수 있다.

- 수가공 단추의 특별한 가공 방법

- **인조 단추 제조 방법** : 인조 단추 제조시, 제조 과정에서 발생할 수 있는 결함률을 최소화하고, 엠보싱된 로고에 금이나 은 도금을 견고하게 고정시키는 방법이 개발되었다. 이 방법은 특히 인조 단추의 품질과 내구성을 높이는 데 기여한다.

- **수가공 단추의 마감 및 품질 관리**
  - **마감 처리** : 단추의 표면을 매끄럽게 하거나 특정 질감을 부여하는 마감 처리 과정을 거친다. 이 과정은 단추의 외관뿐만 아니라 착용감에도 영향을 미친다.
  - **품질 검사** : 모든 가공 과정을 거친 후, 단추의 품질을 검사하여 결함이 없는지 확인한다. 이 단계는 최종 제품의 품질을 보장하기 위해 필수적이다.

수가공 단추의 제작 과정은 재료의 선택부터 마감 처리까지 다양한 단계를 포함하며, 각 단계에서의 세심한 작업이 최종 제품의 품질을 결정한다. 현대적인 기술과 전통적인 기술이 결합된 이 과정을 통해, 다양한 스타일과 기능을 가진 수가공 단추가 탄생된다.

추가 가공방법

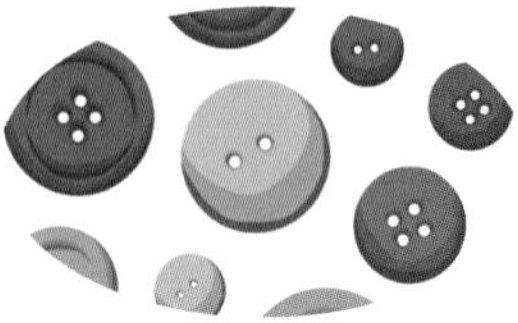

단추 1차 가공 후 2차 가공을 거쳐야 디자인을 제대로 갖춘 완성품이 만들어지게 된다.

수많은 2차 가공법이 있겠으나, 여기에서는 대표적으로 작업되는 가공 방법에 대해 알아보자.

1. 도금

단추 도금은 단추에 금속 코팅을 추가하여 외관을 개선하고 내구성을 높이는 과정이다.

이 과정은 주로 전기도금 방식을 사용하며, 고품질의 도금 단추를 제작할 수 있다.

도금 준비 과정 〈출처–Mega Process〉

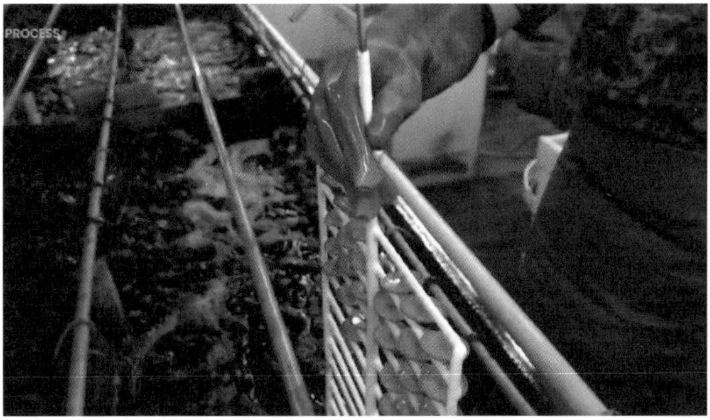

도금 과정 〈출처–Mega Process〉

단추 도금은 단추에 금속층을 코팅하여 단추의 외관과 내구성을 향상시키는 과정이다. 일반적으로 단추 도금컬러에는 금, 은, 황동, 크롬, 니켈, 앤틱 골드 등이 있다. 다음은 단추 도금의 일반

적인 과정이다

1) **단추 준비** : 먼저 (금속, 사출재질의) 단추를 깨끗하게 세척하고 건조시킨다.
2) **도금 용액 준비** : 도금할 금속에 따라 적절한 도금 용액을 준비한다. 일반적으로 도금 용액은 금속 이온과 환원제 등으로 구성된다.
3) **단추 담그기** : 단추를 도금 용액에 담는다. 단추의 표면에 금속 이온이 부착되어 금속층이 형성된다.
4) **세척** : 도금 후 단추를 세척하여 남아있는 도금 용액을 제거한다.
5) **건조** : 단추를 건조시킨다.
6) **마무리** : 필요한 경우, 단추에 광택을 내기 위해 마무리 작업을 수행할 수 있다.

단추 도금은 단추의 외관을 아름답게 만들고 내구성을 향상시키는 역할을 한다. 단추 도금에 사용되는 금속의 종류와 도금 방법에 따라 다양한 결과물을 얻을 수 있다.

2. 염색

호마이카 단추의 컬러는 선염과 후염으로 나뉜다. 선염은 처음

부터 재료에 컬러제를 포함시켜 원하는 컬러를 뽑아내는 방법이고, 후염은 흰색이나 연한 컬러를 진한 컬러로 후처리하여 원하는 컬러를 맞추는 방법인 것이다.

단추 후염색 〈출처–무지개 염색〉

단추를 염색하는 방법은 다양하지만, 일반적으로는 다음과 같은 방법을 사용한다.

1) **염색액에 담가 염색하기** : 단추를 염색액에 담가 염색하는 방법이 있다. 염색액을 준비한 후 단추를 담그고, 일정 시간 동안 방치한다. 그 후 단추를 깨끗이 씻어내고 건조시킨다. 이 방법은 간단하고 효과적이지만, 염색액의 균일한 염색을 보장하기 어려울 수 있다.
2) **염색 펜 또는 마커 사용하기** : 염색 펜이나 마커를 사용하여 단추에 직접 색을 입히는 방법이 있다. 단추의 표면에 원하는 색을 칠하고, 마른 후 사용한다. 이 방법은 정밀한 염색이 가능하지만, 색이 벗겨지는 단점이 있을 수 있다.
3) **패브릭 염료 사용하기** : 패브릭 염료를 사용하여 단추를 염색하는 방법이 있다. 염료를 물에 녹인 후 단추를 담그고, 일정 시간 동안 방치한다. 그 후 단추를 깨끗이 씻어내고 건조시킨다. 이 방법은 염색액의 균일한 염색을 보장하며, 단추에 생생한 색을 입힐 수 있다.

단추를 염색할 때는 안전을 위해 장갑을 착용하고, 통풍이 잘 되는 곳에서 작업하는 것이 좋다. 또한, 염색 전후에 단추를 깨끗이 씻어내고 건조시켜야 이후 원단 옷에 부착 후 이염이 일어나지 않는다.

단추 염색은 의류나 액세서리의 디자인을 완성하는 중요한 과정 중 하나이다. 단추의 재질과 용도에 따라 다양한 염색 방법이 적용될 수 있다.

- **단추 염색의 주요 방법**
  - **금속 도금 코팅과 염색 코팅** : 단추에는 주로 두 가지 코팅 방법이 사용된다. 금속 도금 코팅은 단추에 금속적인 외관을 부여하며, 염색 코팅은 다양한 색상을 입히는 방법이다.
  - **합성수지 단추의 염색** : 합성수지로 만들어진 단추는 특정 염색 방법을 사용하여 염색된다. 염색된 단추 표면에 불규칙하게 불꽃을 접촉시켜 일부 염료를 가열 및 분해함으로써 대리석 효과를 만들어낸다

3. 레이저

단추레이저는 단추에 레이저를 이용하여 디자인이나 글씨를 새기는 기술이다. 이 기술을 통해 단추에 개성과 창의성을 더할 수 있으며, 의류나 액세서리의 디테일을 한층 더 향상시킬 수 있다.

단추레이저는 단추의 표면에 레이저를 사용하여 디자인, 로고, 텍스트 등을 새기는 과정을 말한다. 레이저는 단추의 표면을 정밀하게 조각하고, 색소를 증발시켜 원하는 이미지를 만들어낸다. 다음은 단추레이저의 일반적인 과정이다.

디자인 기획과정 〈출처-제조하다〉

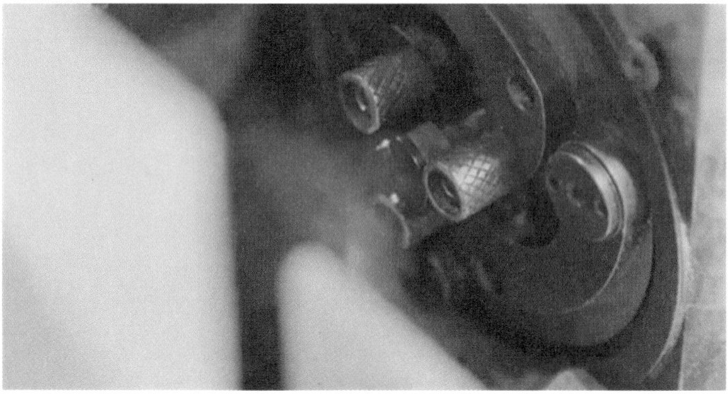

레이저 가공 과정 〈출처-제조하다〉

레이저 가공 후 완성제품 〈출처-제조하다〉

레이저 가공 제품들 〈출처-제조하다〉

1) **디자인** : 먼저 디자인 소프트웨어를 사용하여 단추에 새길 디자인을 만든다. 이 디자인은 레이저 기계가 이해할 수 있는 형식으로 저장되어야 한다.

2) **단추 준비** : 단추를 깔끔하게 청소하고 레이저 기계에 고정시킨다.

3) **레이저 조각** : 레이저 기계를 사용하여 디자인에 따라 단추의 표면을 조각한다. 레이저는 높은 열과 속도로 단추의 표면을 조각하며, 원하는 이미지를 만들어낸다.

4) **마무리** : 레이저 조각이 완료된 단추를 조심스럽게 레이저 기계에서 제거하고, 필요한 경우 추가적인 마무리 작업을 수행할 수 있다.

단추레이저는 단추에 독특하고 개인화된 디자인을 만들어내는 데 사용된다. 다양한 소재와 색상의 단추에 적용할 수 있으며, 로고, 텍스트, 패턴 등 다양한 디자인을 구현할 수 있다. 단추레이저는 단추의 외관을 향상시키고 개성을 부여하는 데 도움이 된다.

4. 에폭시

단추 에폭시는 에폭시 수지를 사용하여 만든 단추로, 다양한 색상과 디자인으로 제공된다. 에폭시 수지는 강한 접착력과 내수성, 내화학성을 가지고 있어 단추 제작에 적합한 재료이다. 이러한 단추는 의류나 액세서리에 독특한 매력을 더해줄 수 있다.

에폭시 수지는 단추를 포함하여 다양한 재료에 사용될 수 있는 강력한 접착제이다. 일반적으로 에폭시 접착제는 두 가지 요소로 구성되어 있으며, 이를 혼합하여 사용한다. 에폭시 수지는 강한 결합력을 가지고 있으며, 내구성이 뛰어나고 내열성이 높아 다양한 용도에 사용된다.

단추에 에폭시를 사용할 때는 주의가 필요하다. 에폭시는 한 번 경화되면 제거하기 어렵기 때문에 정확한 비율로 혼합하고, 원하는 위치에 정확하게 적용해야 한다. 또한, 에폭시는 피부에 자극을 줄 수 있으므로 사용할 때 주의해야 한다.

에폭시를 사용하여 단추를 부착하거나 수리할 때는 다음과 같은 단계를 따를 수 있다.

❶ 단추와 부착할 표면을 깨끗하게 닦아준다.

❷ 에폭시 접착제를 정확한 비율로 혼합한다. 이를 위해 혼

합용기와 혼합봉을 사용할 수 있다.

❸ 혼합된 에폭시를 부착할 위치에 원하는 양만큼 놓는다.

❹ 단추를 부착할 위치에 정확히 배치한다.

❺ 부착한 단추를 부드럽게 압력을 가해 고정시킨다.

❻ 에폭시가 경화되도록 일정 시간 동안 방치한다. 에폭시 제품의 사용 설명서를 참조하여 경화 시간과 기타 지침을 확인한다.

단추에 에폭시를 사용할 때는 안전을 위해 통풍이 잘 되는 장소에서 작업하고, 안전 장갑과 안전 고글 등을 착용하는 것이 좋다.

• 단추 에폭시의 특징

- **다양한 색상과 디자인** : 에폭시 수지를 사용하여 만든 단추는 다양한 색상과 디자인으로 제공되어 의류나 액세서리에 개성을 더할 수 있다.
- **내구성** : 에폭시 수지는 강한 접착력과 내수성, 내화학성을 가지고 있어 단추로서의 내구성이 뛰어나다.

• 에폭시 수지의 일반적인 사용

- **강한 접착력과 내수성** : 에폭시 수지는 강한 접착력과 내수성, 내화학성을 가지고 있어 다양한 산업 분야에서 접착제, 보강재, 몰드, 보호 코팅 등으로 사용된다

- **전기적, 기계적 성질이 우수** : 에폭시 수지는 우수한 전기적 및 기계적 성질을 가지고 있으며, 반응 수축이 적고 치수 안정성이 좋아 다양한 재료 사이의 접착에 사용된다.

단추 에폭시는 의류나 액세서리에 독특한 매력을 더해주는 데 사용될 수 있으며, 에폭시 수지의 강한 접착력과 내구성으로 인해 오랜 시간 동안 그 아름다움을 유지할 수 있다. 다양한 색상과 디자인으로 제공되어 개성 있는 스타일을 완성할 수 있다.

5. 코팅

단추 코팅은 단추의 표면에 보호층을 추가하여 내구성을 높이고, 색상을 변화시키는 과정이다. 이를 통해 단추의 수명을 연장하고, 의류나 액세서리에 더욱 다양한 디자인을 제공할 수 있다.

단추 코팅은 단추의 외관을 보호하거나 개선하기 위해 단추의 표면에 코팅 물질을 적용하는 과정이다. 코팅은 단추의 내구성을 향상시키고, 색상을 추가하거나 광택을 부여하는 등의 효과를 줄 수 있다. 다음은 일반적으로 사용되는 단추 코팅 방법에 대한 설명이다.

제품 도금 전 과정 〈출처-제조하다〉

제품 도금 전 과정 〈출처-제조하다〉

1) **에나멜 코팅** : 에나멜 코팅은 단추의 표면에 유리질을 적용하여 단단하고 광택 있는 외관을 만들어준다. 이는 주로 세라믹 단추에 사용되며, 다양한 색상과 디자인을 구현할 수 있다.

2) **수지 코팅** : 수지 코팅은 플라스틱 단추에 사용되는 방법으로, 단추의 표면에 수지를 적용하여 내구성을 높이고, 보호 기능을 제공한다. 이는 또한 다양한 색상과 광택을 부여할 수 있다.

3) **열전사 코팅** : 열전사 코팅은 단추의 표면에 열과 압력을 가하여 코팅 필름을 단추에 부착시키는 방법이다. 이는 다양한 디자인, 이미지, 패턴 등을 단추에 적용할 수 있다.

4) **도장 코팅** : 도장 코팅은 단추의 표면에 도장용 페인트를 사용하여 색상을 입히거나 패턴을 그리는 방법이다. 이는 단추에 독특한 디자인과 개성을 부여할 수 있다.

단추 코팅의 종류와 방법

- **염색 코팅** : 염료를 배합하여 원하는 색상을 만들고, 염색 염료 분사 장치로 단추에 코팅한 후, 뜨거운 기계 안에서 굳히는 과정을 거친다. 이 과정은 주로 수작업으로 진행된다.
- **금속 코팅** : 금속 단추에 특별한 코팅을 추가하여 색상을 변화시키거나 보호층을 형성한다.

예를 들어, '몰디브골드흑코팅'과 같은 금속 단추는 특별한 코팅 과정을 거쳐 제작된다.

코팅 단추의 장점

- **색상 및 디자인 다양성** : 코팅 과정을 통해 다양한 색상과 디자인의 단추를 제작할 수 있어, 의류나 액세서리에 개성을 더할 수 있다.
- **내구성 향상** : 코팅은 단추의 표면을 보호하여 마모, 탈색, 긁힘 등으로부터 보호한다. 이로 인해 단추의 수명이 연장된다.

6. 수작업

단추 수작업은 의류나 액세서리에 단추를 손으로 바느질하는 과정을 말한다. 이 과정은 기계 작업에 비해 시간이 더 소요되지만, 개인의 세심한 손길을 통해 제품에 따뜻함과 정성을 더할 수 있다. 수작업으로 단추를 달 때는 다양한 바느질 기법과 도구가 사용될 수 있으며, 작업자의 숙련도에 따라 완성도가 달라질 수 있다.

단추 수작업은 단추를 만드는 전통적인 방법으로, 주로 나무, 뼈, 뿔, 석영 등의 재료를 사용하여 단추를 제작한다. 이 과정은 수작업으로 이루어지기 때문에 많은 시간과 노력이 필요하다. 다음은 단추 수작업의 일반적인 과정이다.

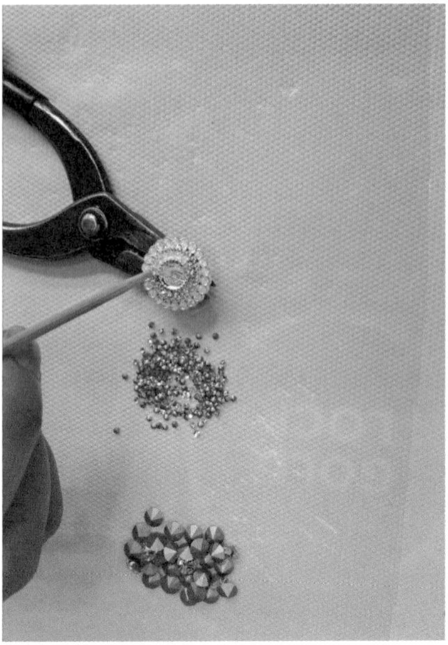

단추 본딩 수작업 〈출처-동대문단추왕〉

1) **재료 선택** : 단추를 만들기 위해 적합한 재료를 선택한다. 예를 들어, 나무, 뼈, 뿔, 석영 등을 사용할 수 있다.

2) **재료 가공** : 선택한 재료를 적절한 크기와 형태로 가공한다. 이는 톱, 끌, 망치 등의 도구를 사용하여 이루어진다.

3) **디자인 및 조각** : 원하는 디자인을 재료에 스케치하고, 조각 도구를 사용하여 디자인을 조각한다. 이는 단추의 모양, 패턴, 문양 등을 포함할 수 있다.

4) **마감 처리** : 조각이 완료된 단추를 부드럽게 연마하고, 마감 처리를 한다. 이는 단추의 표면을 부드럽게 만들고, 보호막을 형성하여 내구성을 높이는 역할을 한다.

5) **마무리** : 마감 처리가 완료된 단추에 필요한 경우, 도장이나 마감재를 사용하여 최종적인 마무리를 한다.

4장

의류 종류별 단추 및 의류 부자재 활용도

• • •

지금까지 단추의 역사, 정의, 종류,

가공방법 등을 알아보았다.

하지만, 의류에서 단추는 부자재로서의 역할이기에

의류 종류별 각 특징에 맞게 쓰여져야만

그 가치를 크게 발휘할 수 있다고 생각한다.

다음은 크게 구별된 의류 종류별 단추의 쓰임새와

의류부자재의 활용에 대해서

알아보기로 하겠다.

드레스

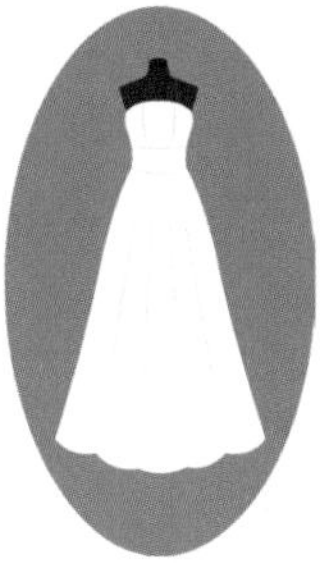

드레스를 만들 때 사용되는 다양한 부자재들이 있다. 이러한 부자재들은 드레스의 형태와 디자인, 그리고 착용감을 향상시키는 데 중요한 역할을 한다. 대표적인 드레스 부자재에는 실크, 튤, 자카드, 테이프, 코드, 레이스 등이 있다.

- **드레스 부자재 종류 및 특징**
  - **단추** : 여미는 용도로는 훅앤아이를 사용하며, 장식용으로 싸개 단추나 금속 단추 한두 개로 사용한다.
  - **실크** : 고급스러운 광택과 부드러운 감촉으로 드레스에 고급스러운 느낌을 준다.
  - **튤** : 가벼우면서도 볼륨감 있는 소재로 드레스 스커트나 소매에 사용한다.

- **자카드** : 복잡한 무늬와 질감으로 고급스러운 드레스 소재로 활용된다.
- **테이프** : 드레스 장식이나 마감 처리에 사용되며, 다양한 색상과 무늬로 제작된다.
- **코드** : 드레스 장식이나 벨트, 리본 등에 사용되는 소재이다.
- **레이스** : 섬세한 패턴으로 드레스 장식이나 트리밍에 사용한다.
- **심지** : 드레스의 형태를 유지하고 무너지지 않게 하는 안감으로 사용한다.
- **안감** : 드레스 내부에 부착되어 착용감을 향상시키고 드레스의 형태를 잡아준다.
- **패딩** : 드레스의 볼륨감을 높이고 보온성을 높이는 데 사용한다.

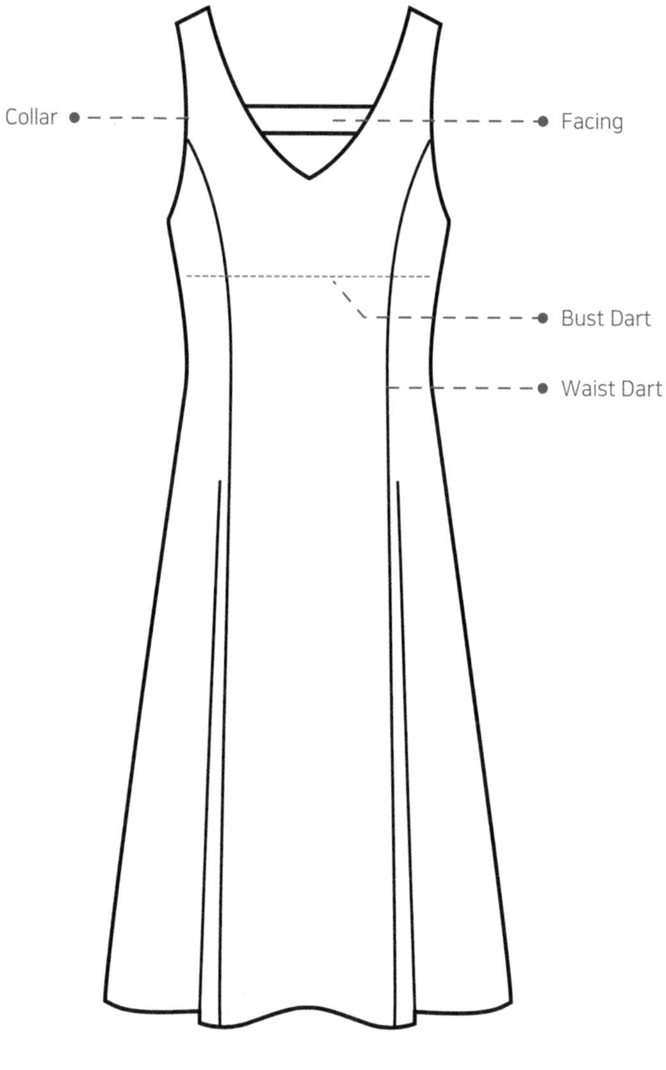

드레스 앞면 〈출처–fashionpia〉

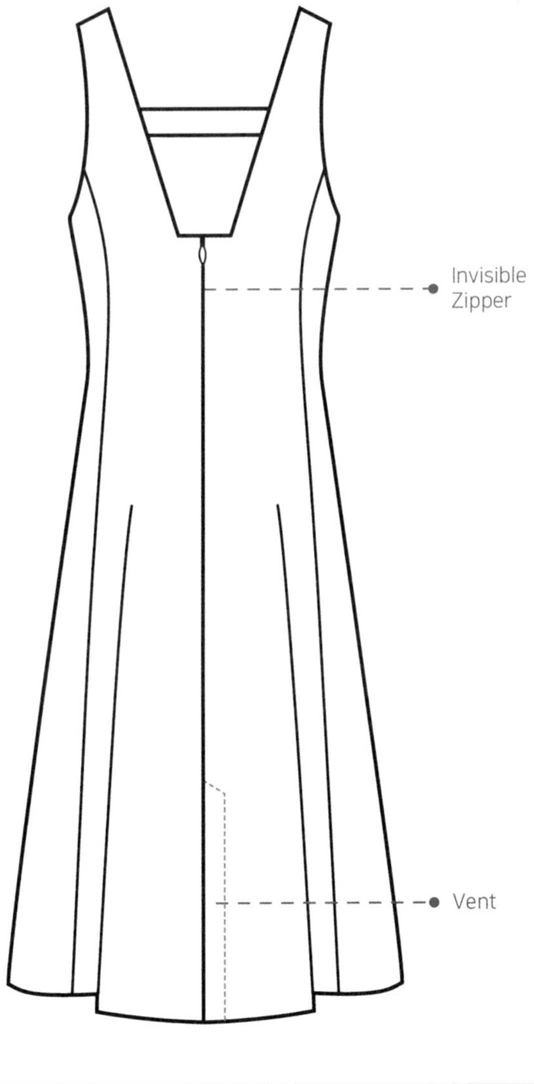

드레스 뒷면 〈출처-fashionpia〉

바지

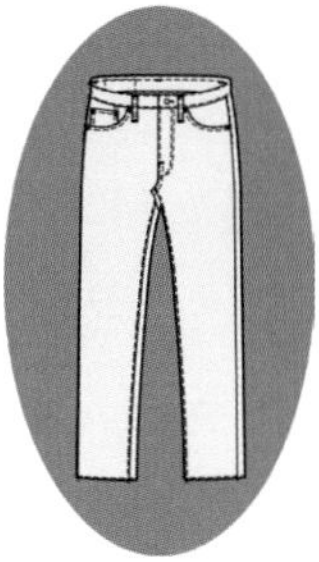

바지를 제작할 때는 다양한 부자재들이 사용된다. 이러한 부자재들은 바지의 형태, 기능, 디자인 등을 향상시키는 데 중요한 역할을 한다. 대표적인 바지 부자재에는 지퍼, 단추, 벨트고리, 리브니트 등이 있다.

• **바지 부자재 종류 및 특징**

- **단추** : 바지의 여밈이나 장식용으로 사용되며, 플라스틱, 금속, 나전 등 다양한 소재로 만들어진다.
- **지퍼** : 바지의 여밈 부분에 사용되며, 다양한 색상과 디자인으로 제작된다.
- **벨트고리** : 벨트를 착용할 수 있도록 바지 허리 부분에 부착된다.

- **리브 니트** : 바지 밑단이나 허리 부분에 사용되어 편안한 착용감을 제공한다.
- **심지** : 바지의 형태를 유지하고 무너지지 않게 하는 안감으로 사용한다.
- **안감** : 바지 내부에 부착되어 착용감을 향상시키고 바지의 형태를 잡아준다.
- **패딩** : 바지의 보온성을 높이는 데 사용한다.

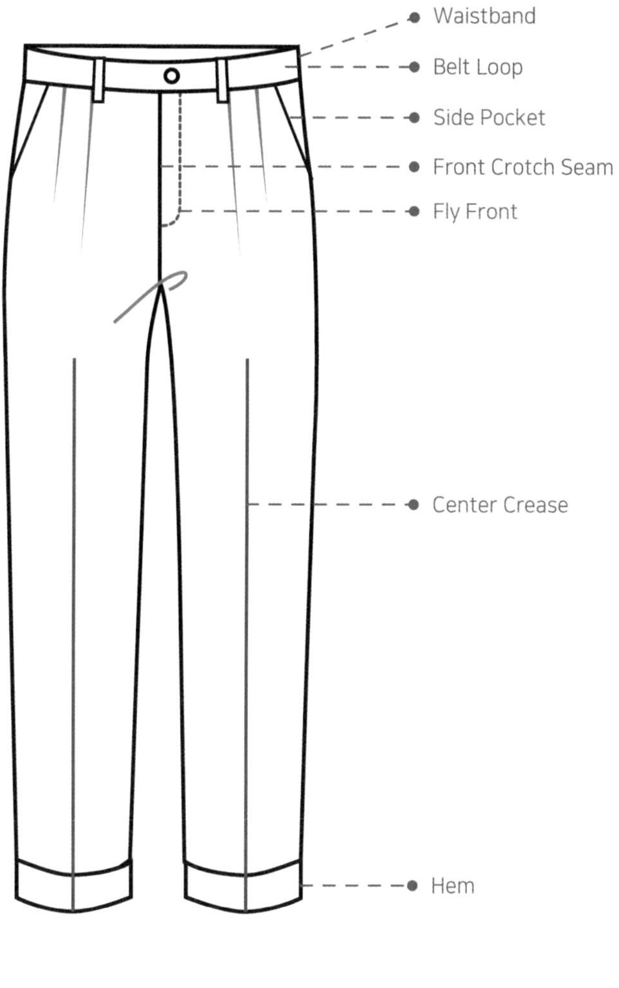

바지 앞면 〈출처-fashionpia〉

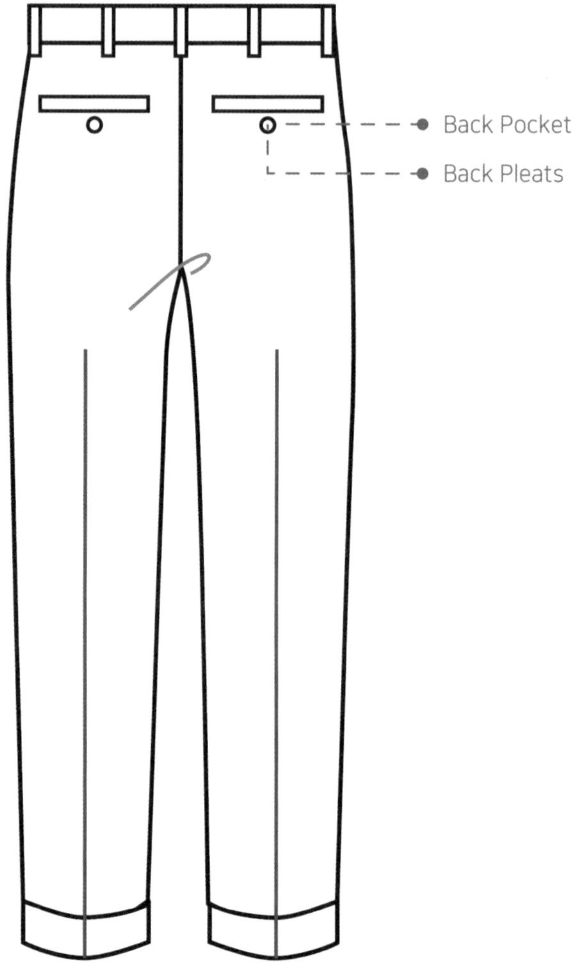

바지 뒷면 〈출처-fashionpia〉

베스트

베스트는 상의 아이템으로, 다양한 부자재들이 사용되어 디자인, 기능, 착용감 등을 향상시킨다. 대표적인 베스트 부자재에는 단추, 지퍼, 버클, 스냅 등이 있다.

- **베스트 부자재 종류 및 특징**
  - **단추** : 베스트의 여밈 부분에 사용되며, 플라스틱, 금속, 나전 등 다양한 소재로 제작된다.
  - **지퍼** : 베스트 앞 여밈이나 사이드 등 부분에 사용되어 편리한 착탈을 돕는다.
  - **버클** : 베스트 허리 부분에 사용되어 사이즈 조절이 가능한다.
  - **스냅** : 베스트 여밈 부분에 사용되어 빠른 착탈을 가능하게

한다.

- **심지** : 베스트의 형태를 유지하고 무너지지 않게 하는 역할을 한다.
- **안감** : 베스트 내부에 부착되어 착용감을 향상시키고 형태를 잡아준다.

베스트 앞면 〈출처-fashionpia〉

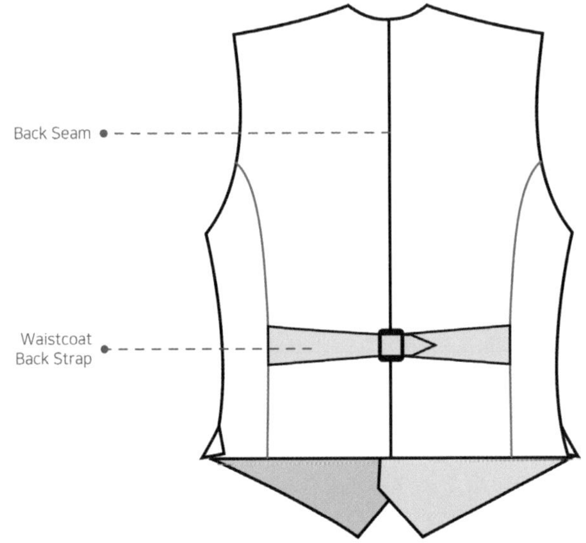

베스트 뒷면 〈출처–fashionpia〉

블라우스

블라우스는 셔츠와 함께 대표적인 여성복 아이템이다. 블라우스 제작에는 다양한 부자재들이 사용되며, 이를 통해 블라우스의 디자인, 기능, 착용감 등이 향상된다. 대표적인 블라우스 부자재에는 단추, 지퍼, 리본, 레이스 등이 있다.

• **블라우스 부자재 종류 및 특징**

- **단추** : 블라우스의 여밈 부분에 사용되며, 플라스틱, 진주, 금속 등 다양한 소재로 제작된다.
- **지퍼** : 블라우스 앞 여밈이나 소매 부분에 사용되어 편리한 착탈을 돕는다.
- **리본** : 블라우스 칼라, 소매, 허리 등에 장식적인 요소로 사용한다.

- **레이스** : 블라우스 칼라, 소매, 앞 여밈 부분 등에 장식적으로 사용한다.
- **프릴** : 블라우스 칼라, 소매, 앞 여밈 부분 등에 사용되어 여성스러운 느낌을 연출한다.
- **심지** : 블라우스의 형태를 유지하고 무너지지 않게 하는 역할을 한다.
- **안감** : 블라우스 내부에 부착되어 착용감을 향상시키고 블라우스의 형태를 잡아준다.

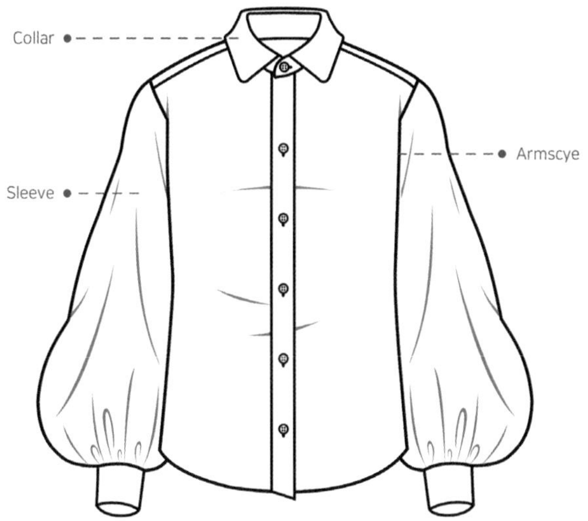

블라우스 앞면 〈출처-fashionpia〉

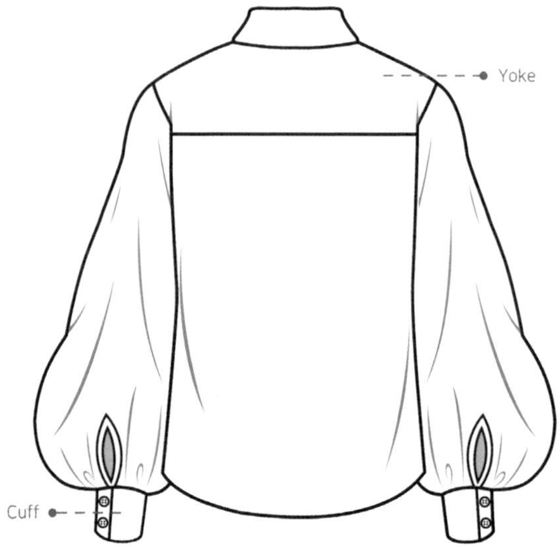

블라우스 뒷면 〈출처–fashionpia〉

셔츠

셔츠 제작에는 다양한 부자재들이 사용된다. 이러한 부자재들은 셔츠의 형태, 기능, 디자인 등을 향상시키는 데 중요한 역할을 한다. 대표적인 셔츠 부자재에는 단추, 칼라심, 커프스, 배색 등이 있다.

• **셔츠 부자재 종류 및 특징**

- **단추** : 셔츠의 여밈 부분에 사용되며, 플라스틱, 금속, 진주 등 다양한 소재로 제작된다.
- **칼라심** : 셔츠 칼라의 형태와 안정성을 유지하는 데 사용한다.
- **커프스** : 소매 끝 부분의 마감을 위해 사용되며, 단추나 단추구멍으로 여밈이 가능한다.

- **배색** : 셔츠의 디자인 포인트로 사용되며, 칼라, 커프스, 주머니 등에 적용된다.
- **심지** : 셔츠의 형태를 유지하고 무너지지 않게 하는 역할을 한다.
- **안감** : 셔츠 내부에 부착되어 착용감을 향상시키고 셔츠의 형태를 잡아준다.

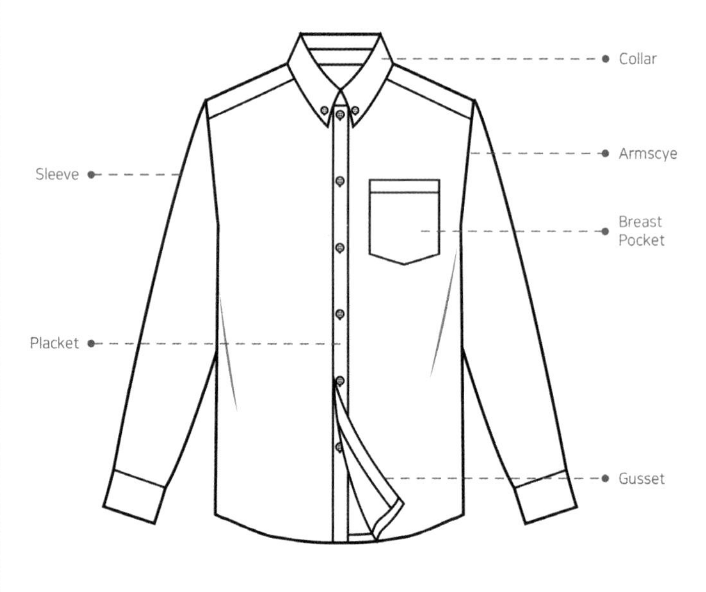

셔츠 앞면 〈출처-fashionpia〉

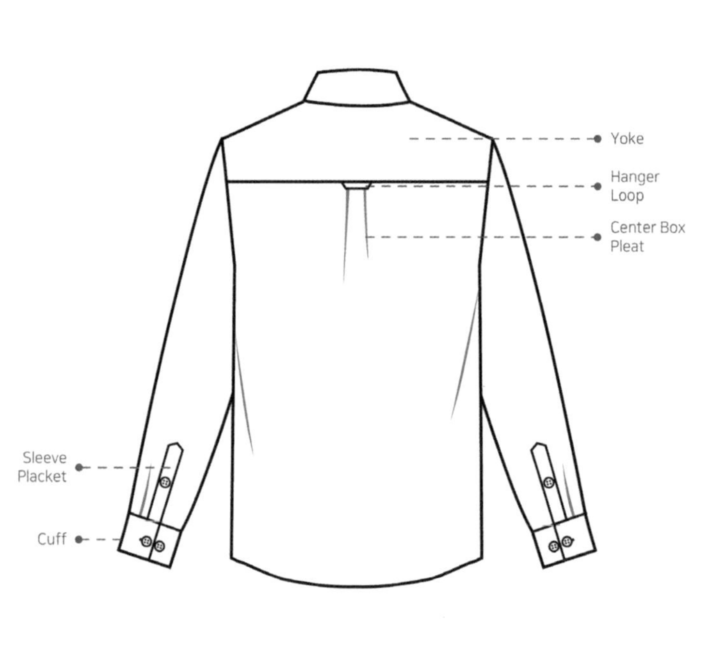

셔츠 뒷면 〈출처-fashionpia〉

슈트

슈트는 재킷과 바지로 구성된 정장 의복이다. 슈트 제작에는 단추, 지퍼, 심지, 안감 등 다양한 부자재가 사용되어 디자인과 기능을 향상시킨다.

- **슈트 부자재 종류 및 특징**
  - **단추** : 재킷 앞 여밈이나 장식용으로 사용되며, 금속, 플라스틱, 진주 등 다양한 소재로 제작된다.
  - **지퍼** : 재킷 앞 여밈이나 바지 부분에 사용되어 편리한 착탈을 돕는다.
  - **심지** : 재킷의 형태를 유지하고 늘어짐을 방지하는 역할을 한다.
  - **안감** : 재킷 내부에 부착되어 착용감을 향상시키고 형태를

잡아준다.

- **패드** : 재킷 어깨 부분에 부착되어 볼륨감을 더한다.
- **스트링** : 바지 허리 부분에 부착되어 사이즈 조절이 가능한다.
- **벨트고리** : 바지 허리 부분에 부착되어 벨트를 고정시킨다.

슈트 앞면 〈출처-fashionpia〉

슈트 뒷면 〈출처-fashionpia〉

스웨터

스웨터는 니트 소재로 제작되는 상의 아이템이다. 스웨터 제작에는 다양한 부자재들이 사용되어 디자인, 기능, 착용감 등을 향상시킨다. 대표적인 스웨터 부자재에는 단추, 지퍼, 리브 등이 있다.

- **스웨터 부자재 종류 및 특징**
  - **단추** : 스웨터 앞 여밈 부분에 사용되며, 플라스틱, 금속, 나전 등 다양한 소재로 제작된다.
  - **지퍼** : 스웨터 앞 여밈이나 사이드, 소매 부분에 사용되어 편리한 착탈을 돕는다.
  - **리브** : 스웨터 소매, 밑단, 목 둘레 등에 사용되어 편안한 착용감과 안정적인 형태를 제공한다.
  - **패치** : 스웨터 겉면에 부착되어 디자인 포인트를 주거나 기

능을 더하는 역할을 한다.

- **와펜** : 스웨터 겉면에 부착되어 로고나 문양을 표현하는 부자재이다.
- **심지** : 스웨터의 형태를 유지하고 늘어짐을 방지하는 역할을 한다.
- **안감** : 스웨터 내부에 부착되어 착용감을 향상시키고 형태를 잡아준다.

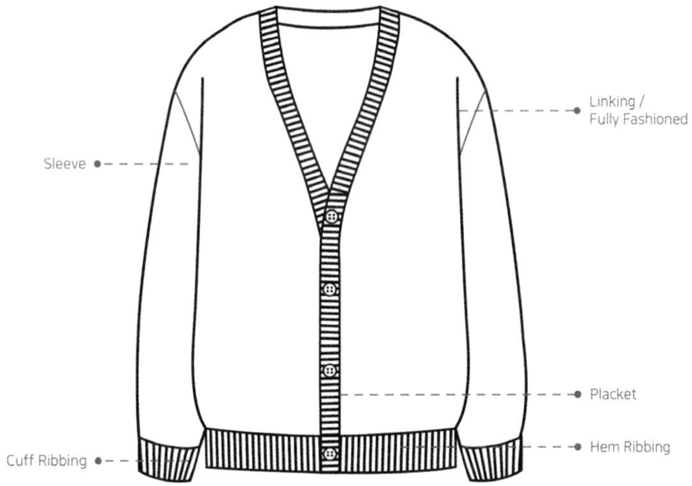

스웨터 앞면 〈출처-fashionpia〉

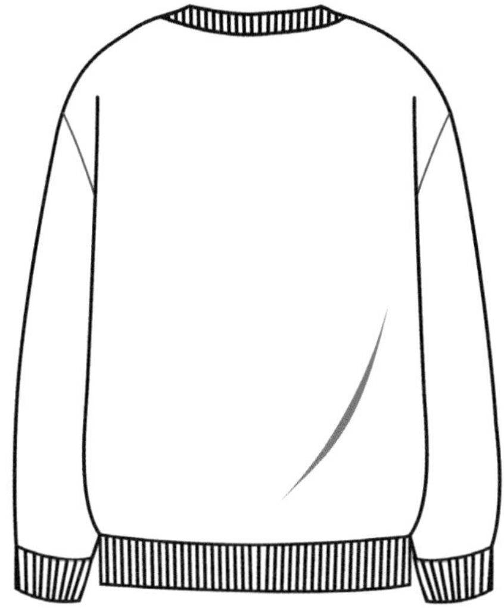

스웨터 뒷면 〈출처-fashionpia〉

스커트

스커트는 다양한 디자인과 소재로 제작되는 하의 아이템이다. 스커트 제작에는 단추, 지퍼, 벨트 등의 부자재가 사용되어 디자인과 기능을 향상시킨다.

- **스커트 부자재 종류 및 특징**
  - **단추** : 스커트 앞 여밈이나 장식용으로 사용되며, 금속, 플라스틱, 나전 등 다양한 소재로 제작된다.
  - **지퍼** : 스커트 앞 여밈이나 사이드, 뒷부분에 사용되어 편리한 착탈을 돕는다.
  - **벨트 고리** : 스커트 허리 부분에 부착되어 벨트를 착용할 수 있게 한다.
  - **벨트 버클** : 스커트 허리 벨트에 사용되는 금속 부자재이

다.

- **스터드** : 스커트 주머니나 디테일 부분에 장식적으로 사용한다.
- **와펜** : 스커트 주머니나 옆면에 부착되어 브랜드 로고를 표현한다.
- **심지** : 스커트의 형태를 유지하고 늘어짐을 방지하는 역할을 한다.
- **안감** : 스커트 내부에 부착되어 착용감을 향상시키고 형태를 잡아준다.
- **패드** : 스커트 허리 부분에 부착되어 볼륨감을 더한다.

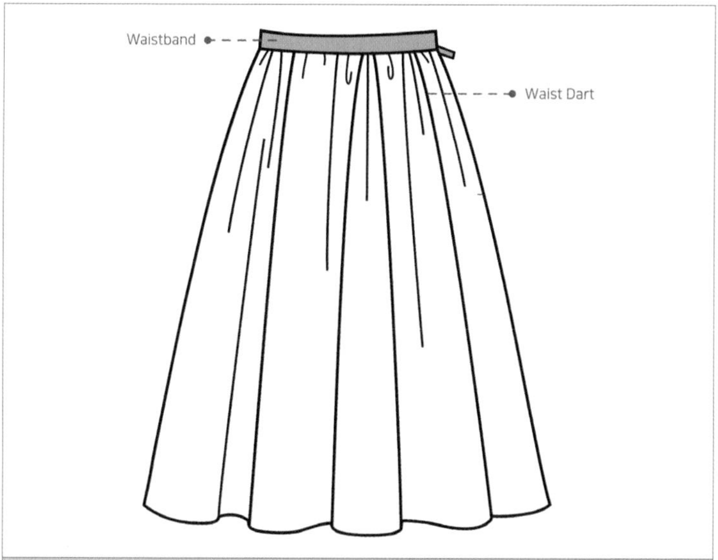

스커트 앞면 〈출처-fashionpia〉

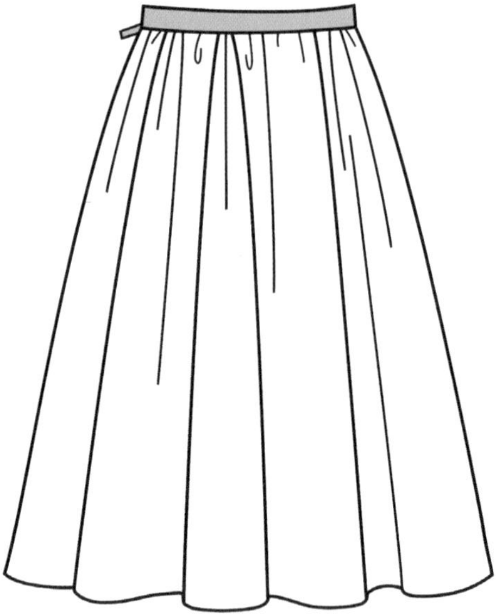

스커트 뒷면 〈출처-fashionpia〉

언더웨어

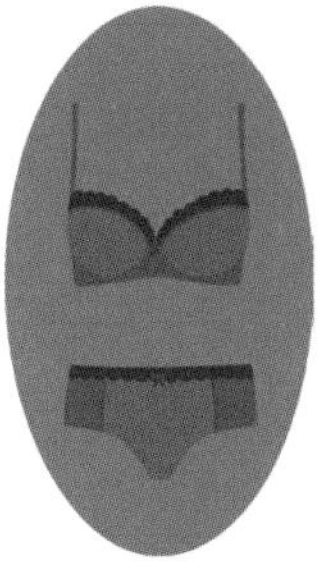

언더웨어는 신체에 직접 닿는 의복이므로 편안함과 기능성이 매우 중요한다. 따라서 언더웨어 제작에는 신축성, 흡수성, 내구성 등의 특성을 가진 다양한 부자재가 사용한다.

• **부자재 종류 및 특징**

- **후크 & 아이** : 여밈 부분에 사용되어 편리한 탈착이 가능하다.
- **스판덱스 원단** : 높은 신축성으로 편안한 착용감을 제공한다. 속옷, 스포츠웨어 등에 널리 사용한다.
- **시접테이프** : 옷감의 늘어짐을 방지하고 마감 처리를 돕는다. 신축성이 좋아 언더웨어에 많이 사용한다.
- **고무밴드** : 허리, 다리 부분에 사용되어 편안한 착용감을

제공한다. 신축성이 뛰어나다.

- **레이스** : 장식적인 요소로 사용되어 언더웨어의 디자인을 돋보이게 한다.

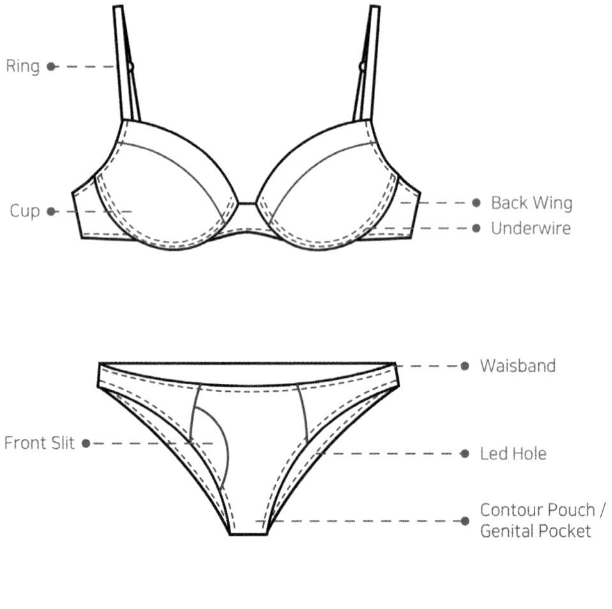

언더웨어 앞면 〈출처–fashionpia〉

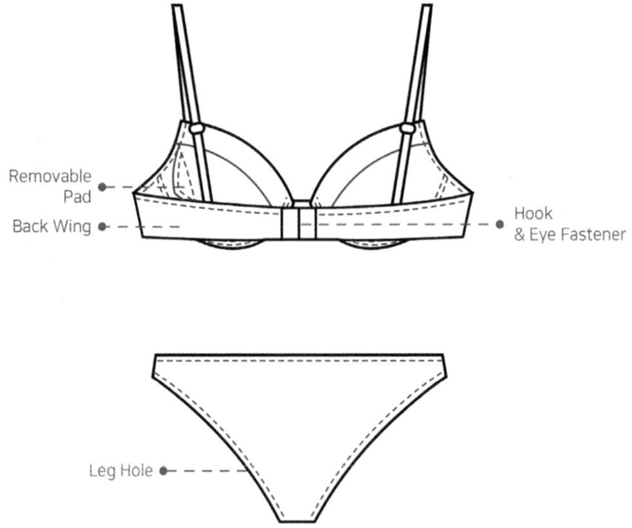

언더웨어 뒷면 〈출처-fashionpia〉

오버롤

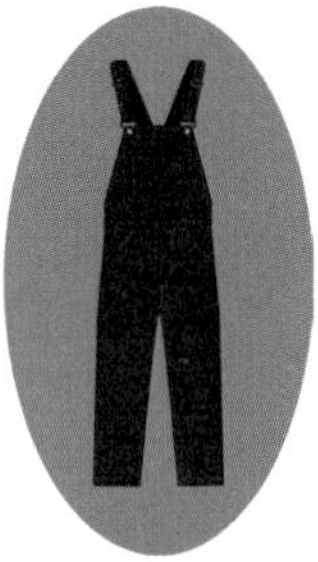

오버롤은 상의와 하의가 연결된 한 벌의 작업복 또는 캐주얼 의복이다. 오버롤 제작에는 단추, 지퍼, 스트링, 아일렛 등의 부자재가 사용되어 디자인과 기능을 향상시킨다.

- **오버롤 부자재 종류 및 특징**
  - **단추** : 오버롤 앞 여밈이나 장식용으로 사용되며, 금속, 플라스틱, 나전 등 다양한 소재로 제작된다.
  - **지퍼** : 오버롤 앞 여밈이나 사이드, 뒷부분에 사용되어 편리한 착탈을 돕는다.
  - **스트링** : 오버롤 허리 부분에 부착되어 사이즈 조절이 가능하다.
  - **아일렛** : 스트링이 통과하는 구멍으로, 오버롤 허리 부분에

사용한다.

- **스터드** : 오버롤 주머니나 디테일 부분에 장식적으로 사용한다.
- **와펜** : 오버롤 주머니나 옆면에 부착되어 브랜드 로고를 표현한다.
- **심지** : 오버롤의 형태를 유지하고 늘어짐을 방지하는 역할을 한다.
- **안감** : 오버롤 내부에 부착되어 착용감을 향상시키고 형태를 잡아준다.
- **패드** : 오버롤 어깨 부분에 부착되어 볼륨감을 더한다.

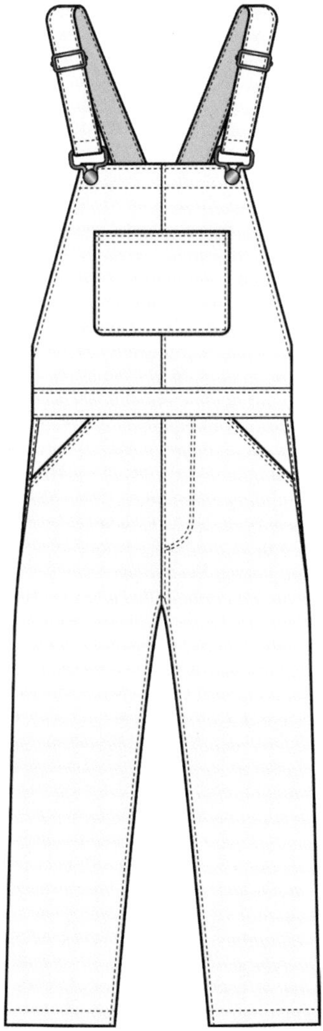

오버롤 앞면 〈출처-fashionpia〉

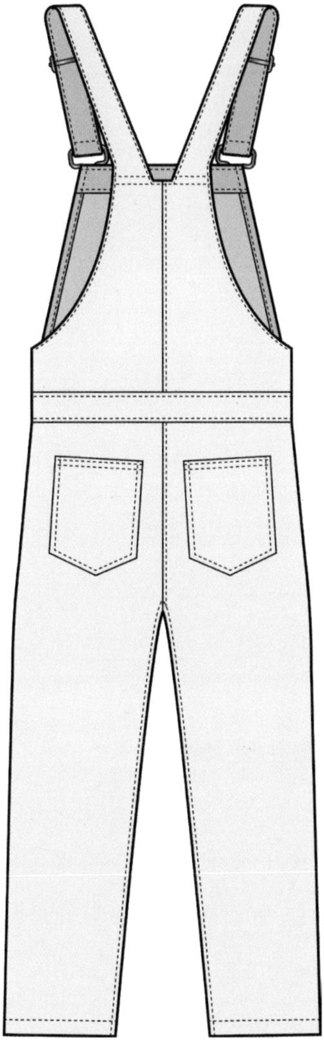

오버롤 뒷면 〈출처–fashionpia〉

잠옷

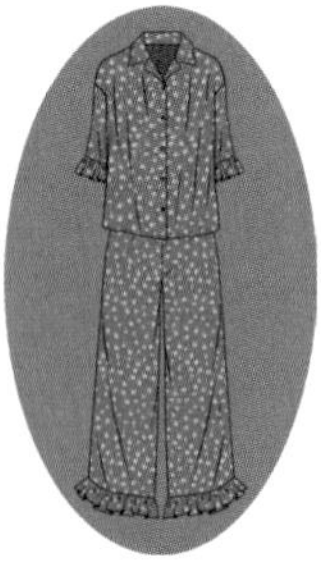

잠옷은 편안하고 활동적인 착용감이 중요한 의복이다. 따라서 잠옷 제작에는 신축성, 흡수성, 내구성 등의 특성을 가진 다양한 부자재가 사용된다.

- **잠옷 부자재 종류 및 특징**
  - **스냅버튼** : 여밈 부분에 사용되어 편리한 탈착이 가능하다.
  - **고무밴드** : 허리, 소매, 바짓단 등에 사용되어 편안한 착용감을 제공한다. 신축성이 뛰어납니다.
  - **스트링** : 허리 부분에 사용되어 사이즈 조절이 가능하다.
  - **파이핑** : 소매, 목 둘레, 바짓단 등의 가장자리에 사용되어 디자인 포인트를 준다.
  - **시접테이프** : 옷감의 늘어짐을 방지하고 마감 처리를 돕는

다. 신축성이 좋아 언더웨어나 수영복에 많이 사용한다.

- **지퍼** : 여밈 부분에 사용되어 편리한 착탈을 돕는다.

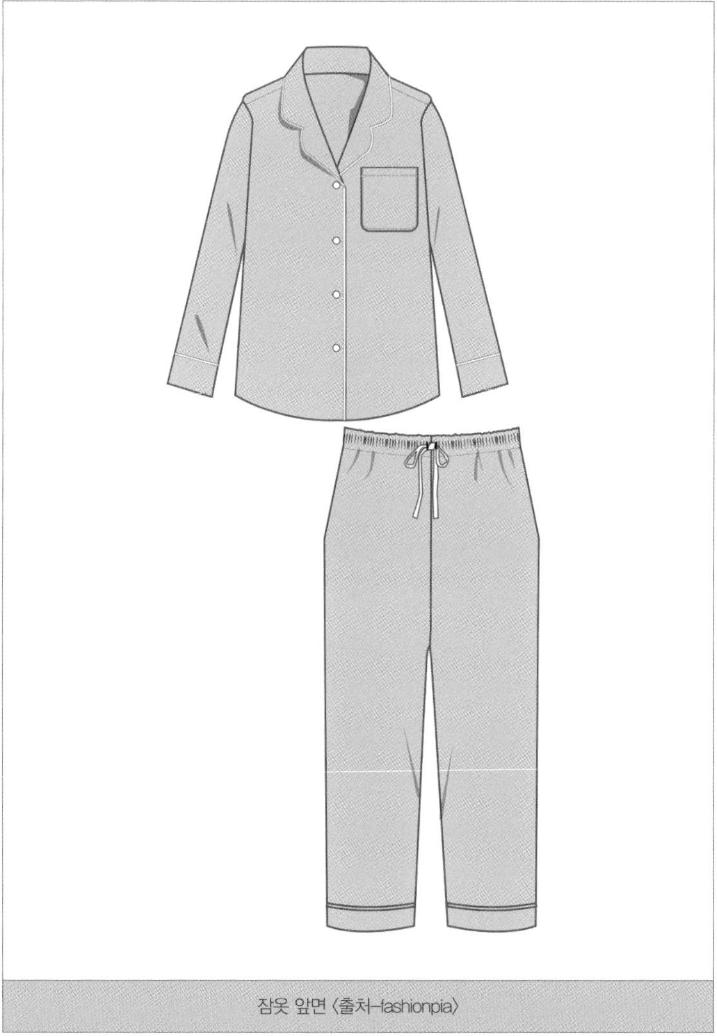

잠옷 앞면 〈출처-fashionpia〉

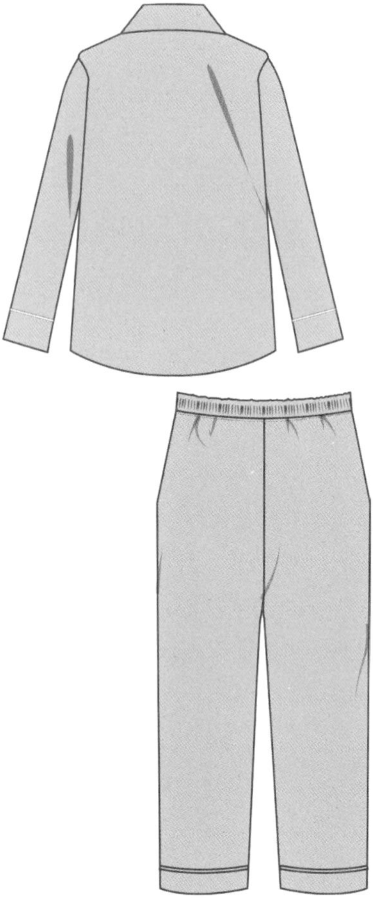

잠옷 뒷면 〈출처-fashionpia〉

재킷

재킷 제작에는 다양한 부자재들이 사용한다. 이러한 부자재들은 재킷의 형태, 기능, 디자인 등을 향상시키는 데 중요한 역할을 한다. 대표적인 재킷 부자재에는 단추, 지퍼, 안감, 심지 등이 있다.

• **재킷 부자재 종류 및 특징**

- **단추** : 재킷의 여밈이나 장식용으로 사용되며, 플라스틱, 금속, 나전 등 다양한 소재로 만들어진다.
- **지퍼** : 재킷의 여밈 부분에 사용되며, 다양한 색상과 디자인으로 제작된다.
- **안감** : 재킷 내부에 부착되어 착용감을 향상시키고 재킷의 형태를 잡아준다.

- **심지** : 재킷의 형태를 유지하고 무너지지 않게 하는 역할을 한다.
- **패딩** : 재킷의 보온성을 높이는 데 사용한다.
- **스트레치 소재** : 재킷의 활동성과 편안한 착용감을 제공한다.

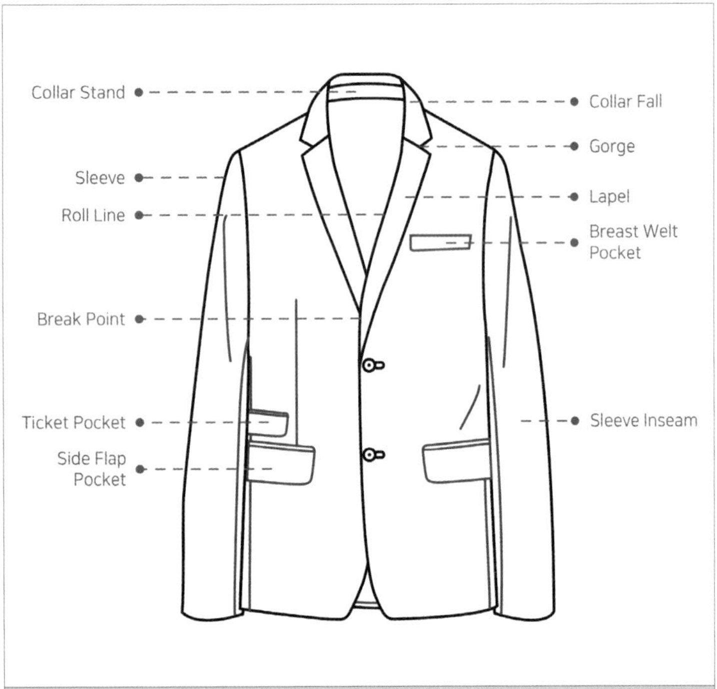

재킷 앞면 〈출처–fashionpia〉

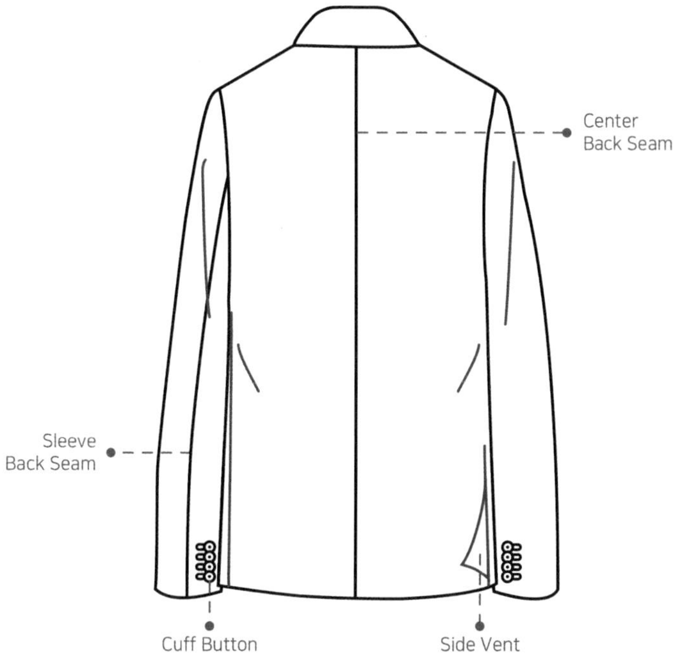

재킷 뒷면 〈출처-fashionpia〉

점프슈트

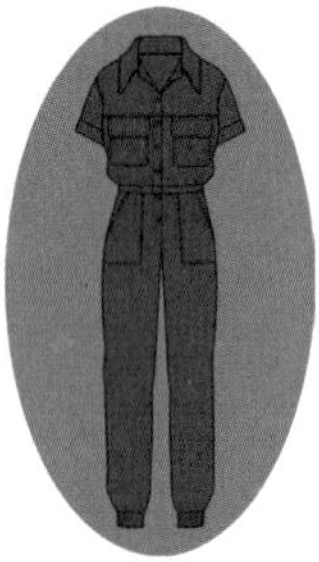

점프슈트는 상의와 하의가 연결된 한 벌의 의복이다. 점프슈트 제작에는 단추, 지퍼, 벨트 등의 부자재가 사용되어 디자인과 기능을 향상시킨다.

- **점프슈트 부자재 종류 및 특징**
  - **단추** : 점프슈트 앞 여밈이나 장식용으로 사용되며, 금속, 플라스틱, 나전 등 다양한 소재로 제작된다.
  - **지퍼** : 점프슈트 앞 여밈이나 사이드, 뒷부분에 사용되어 편리한 착탈을 돕는다.
  - **벨트 고리** : 점프슈트 허리 부분에 부착되어 벨트를 착용할 수 있게 한다.
  - **벨트 버클** : 점프슈트 허리 벨트에 사용되는 금속 부자재이

다.

- **스터드** : 점프슈트 주머니나 디테일 부분에 장식적으로 사용한다.
- **와펜** : 점프슈트 주머니나 옆면에 부착되어 브랜드 로고를 표현한다.
- **심지** : 점프슈트의 형태를 유지하고 늘어짐을 방지하는 역할을 한다.
- **안감** : 점프슈트 내부에 부착되어 착용감을 향상시키고 형태를 잡아준다.
- **패드** : 점프슈트 어깨 부분에 부착되어 볼륨감을 더한다.

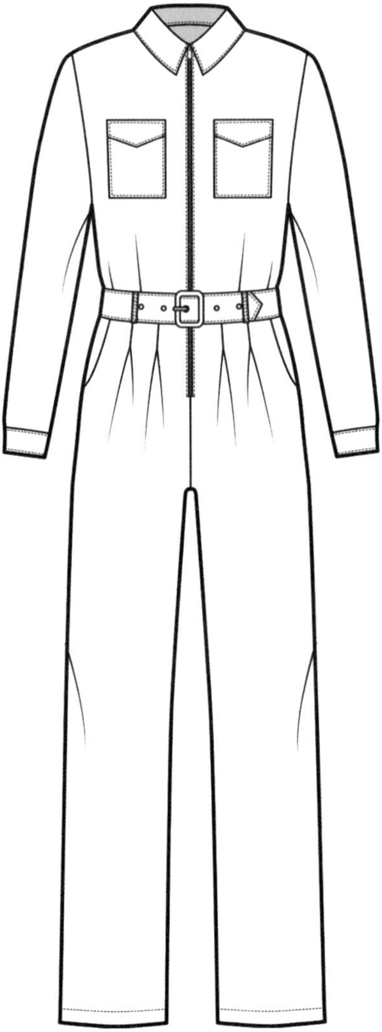

점프슈트 앞면 〈출처-fashionpia〉

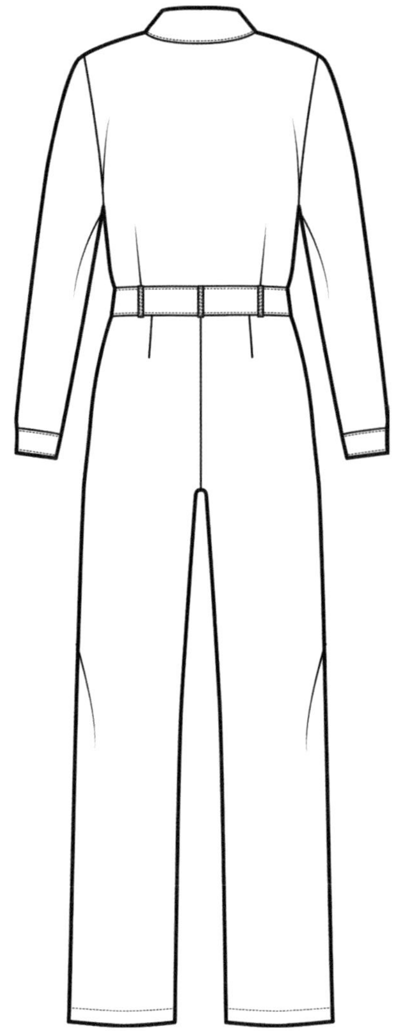

점프슈트 앞면 〈출처-fashionpia〉

청바지

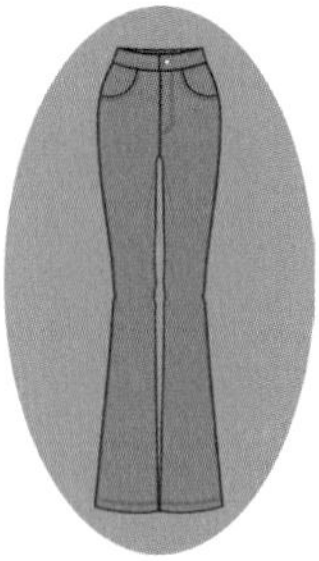

청바지는 데님 소재로 제작되는 대표적인 하의 아이템이다. 청바지 제작에는 다양한 부자재들이 사용되어 디자인, 기능, 내구성 등을 향상시킨다. 대표적인 청바지 부자재에는 단추, 지퍼, 리벳 등이 있다.

- **청바지 부자재 종류 및 특징**
  - **단추** : 청바지 앞 여밈 부분에 사용되며, 금속 소재를 주로 사용한다.
  - **지퍼** : 청바지 앞 여밈이나 사이드, 뒷주머니 등에 사용되어 편리한 착탈을 돕는다.
  - **리벳** : 청바지 주요 접합 부위에 사용되어 내구성을 높인다.

- **리벳 버튼** : 청바지 앞 여밈 부분에 사용되며, 금속 소재로 제작된다.
- **스터드** : 청바지 주머니 등에 장식적으로 사용되는 금속 부자재이다.
- **와펜** : 청바지 뒷주머니나 옆면에 부착되어 브랜드 로고를 표현한다.
- **심지** : 청바지의 형태를 유지하고 늘어짐을 방지하는 역할을 한다.
- **안감** : 청바지 내부에 부착되어 착용감을 향상시키고 형태를 잡아준다.

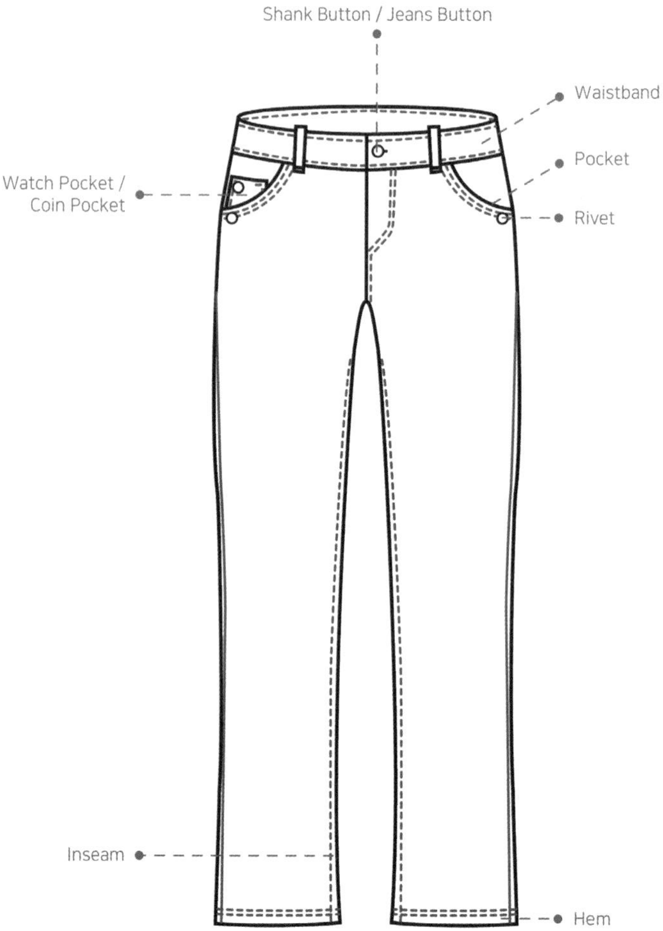

청바지 앞면 〈출처–fashionpia〉

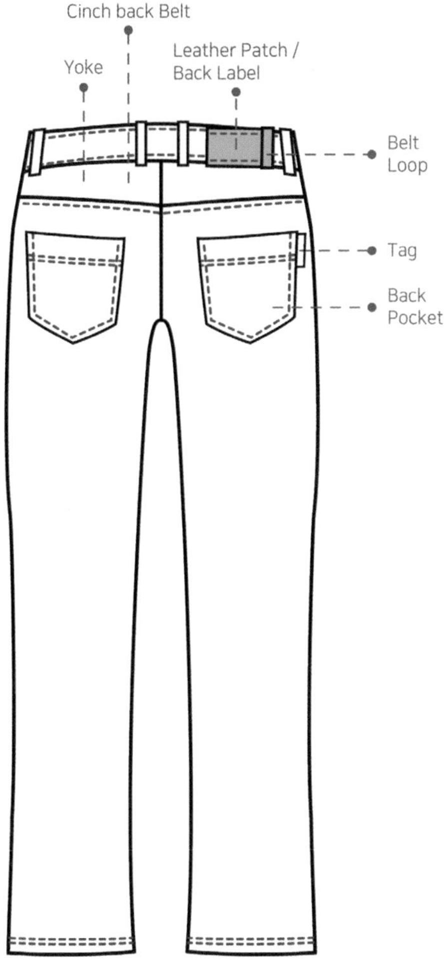

청바지 뒷면 〈출처-fashionpia〉

코트

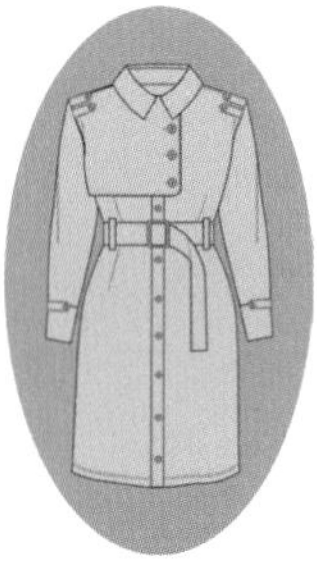

몸을 따뜻하게 하기 위해서 가장 겉에 입는 옷을 말한다. 코트는 일반적으로 상체를 위한 겉옷으로, 따뜻함이나 패션을 위해 성별에 따라 착용된다. 통상 소매가 길고 앞면이 열려 있으며 단추, 지퍼, 후크 앤 루프 패스너, 토글, 벨트 또는 이들 중 일부의 조합을 통해 닫힌다. 다른 가능한 기능으로는 칼라, 어깨 끈 및 후드가 있다.

- **코트 부자재 종류 및 특징**
  - **소뿔 단추** : 천연 소재로 독특한 질감과 코트에 많이 사용되는 고급스러운 단추 소재. 높은 가격대로 인해 오리지날을 대신하여 봉단추로 대신하기도 한다.
  - **개버딘 원단** : 견고하고 내구성이 좋음. 광택이 있어 고급

스러움.

- **버클** : 허리 한 개, 소매 두 개의 가죽버클. 보통 버버리코트 가죽버클로 통칭한다.
- **심지** : 코트의 안감이나 겉감을 보강하는 역할을 함. 실크심지는 얇고 고운 조직으로 얇은 원단에 사용, 트리코트 심지는 신축성이 좋은 의류에 사용
- **털트리밍** : 코트의 소매, 포켓, 네크라인 등에 사용되며, 모직 코트나 가디건에 많이 사용됨
- **기타 부자재** : 마꾸라지, 비접착심지, 게싱, 패드. 코트의 탄탄한 핏감과 완성도를 위해 사용됨

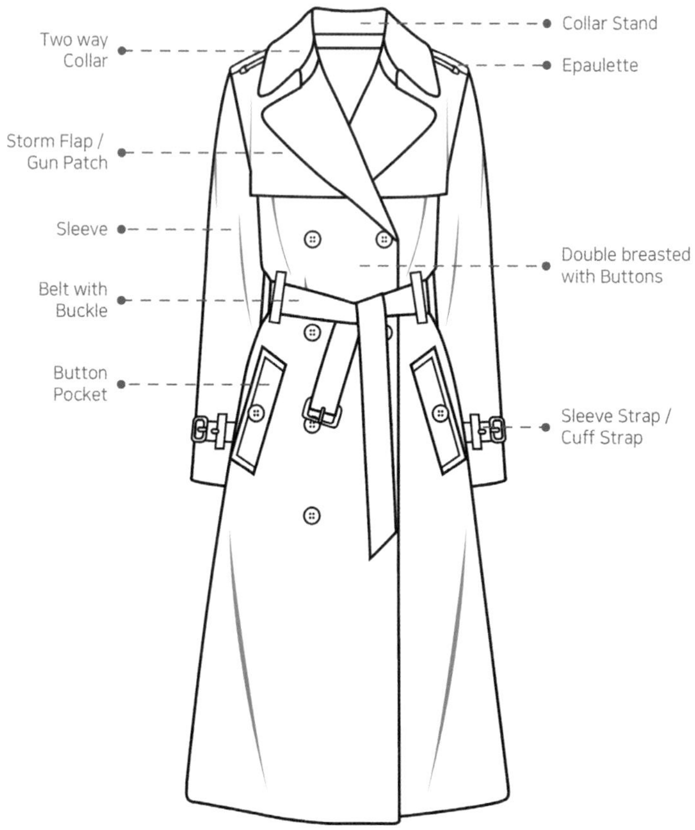

코트 앞면 〈출처-fashionpia〉

코트 뒷면 〈출처–fashionpia〉

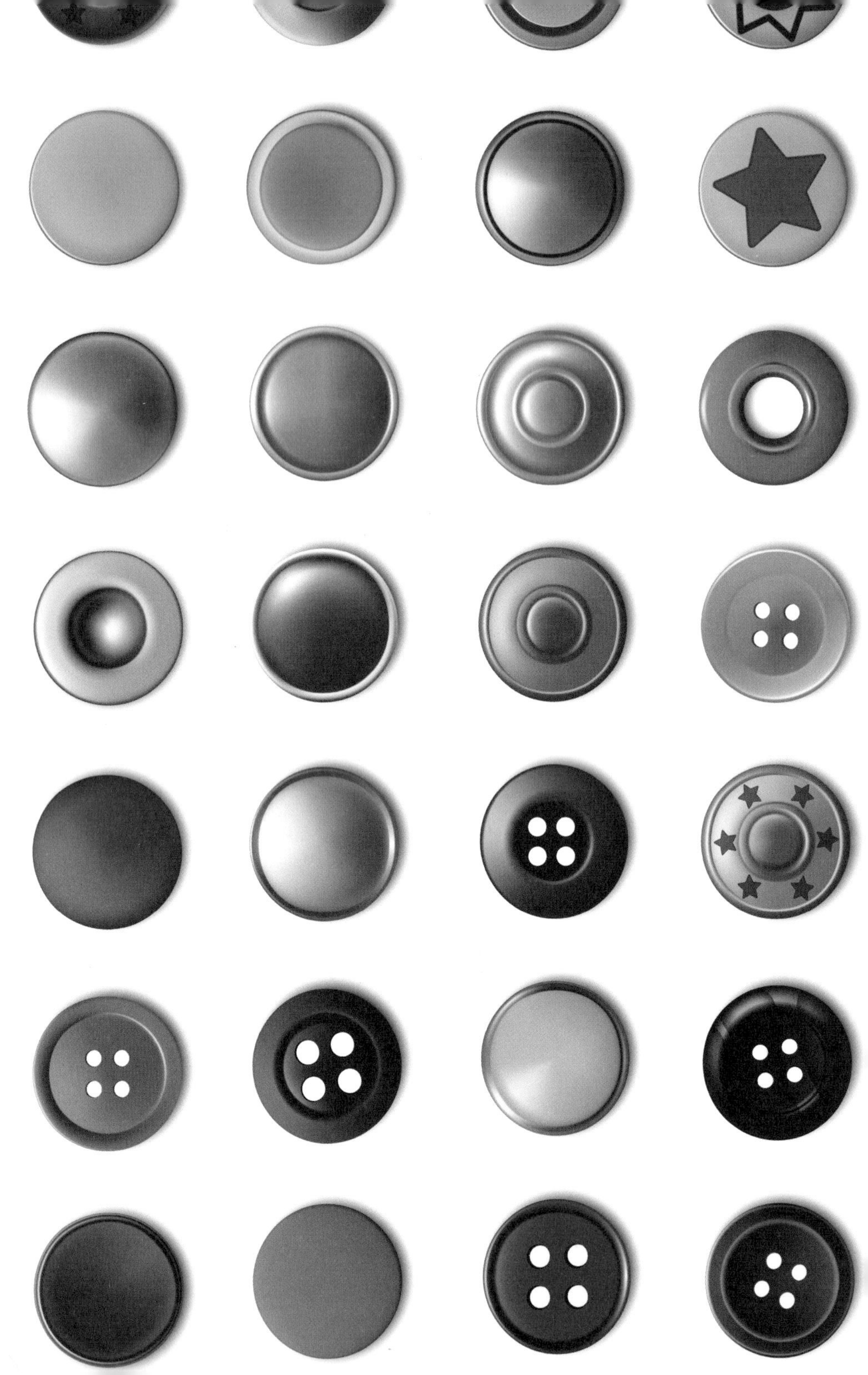

YBK™

동대문 의류부자재 전문기업

부록

의류 봉제시 필수부자재 모음집

의상학과준비물 #패턴실 #샘플 # 공방

#패션디자인학원 #패션필수부자재

기초 패션 부자재 및 도구 모음집

- 제품 제작시 사용되는 부자재와 도구들입니다.
- 재단 용품, 미싱 용품, 패턴 작업 용품 등 작업의 편리성을 높여줄 아이템으로 구성되어 있습니다.
- 상품 구성과 상세설명 확인하시고 문의 부탁드립니다.
- 제품의 이미지는 공급사의 사정으로 변경될 수 있는 점 양해 부탁드립니다.

1 신형 팬더 열펜 초자고

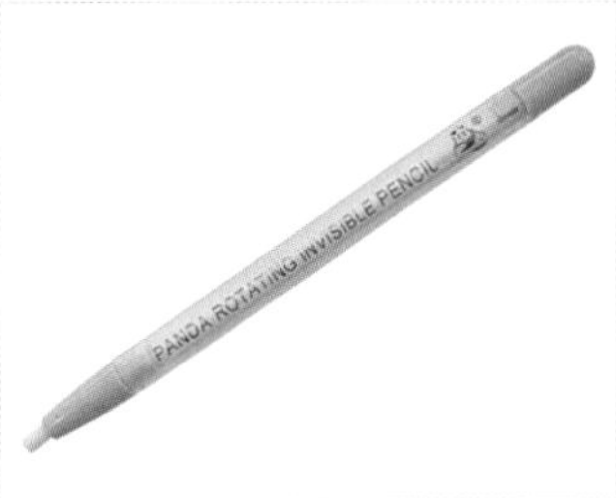

· 사이즈 : 약 14cm
· 구　성 : 1개
· 설　명 : 뒷부분을 돌려 길이 조절 가능한 연필타입의 초자고 입니다.

2 솔연필 칼라 초크

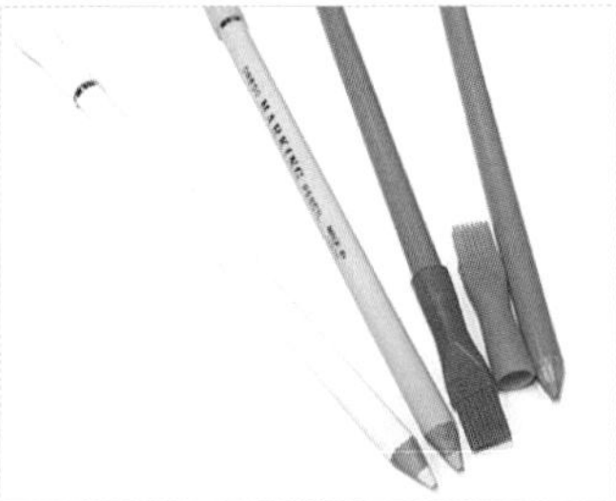

· 사이즈 : 약 14.6cm
· 컬　러 : 화이트,옐로우,레드,블루
· 설　명 : 연필형으로 뒷면의 솔로 초크가 많은곳을 털어낼 수 있습니다.

3 깎아쓰는 수용성 연필초크

· 사이즈 : 약 12cm
· 컬　러 : 핑크,화이트,블루
· 설　명 : 연필형으로 깎아서 사용하는 초크로 수용성 재질입니다.

4 일제 수용성 차코펜(굵은심)

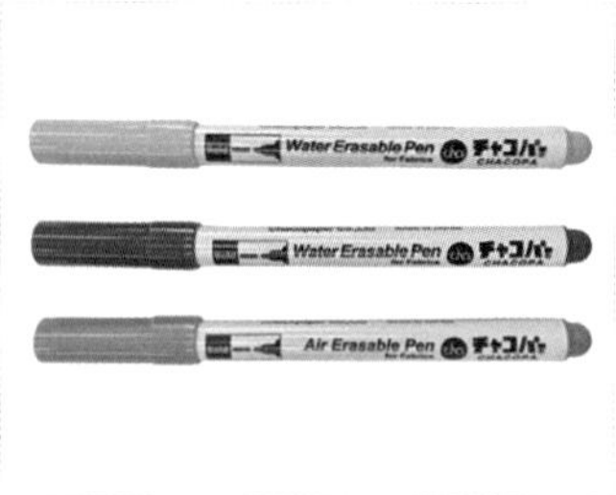

· 사이즈 : 펜촉 1mm
· 컬　러 : 블루,브라운,퍼플
· 설　명 : 선명하고 정교한 작업이 가능한 차코 수성펜입니다.

5 일제 수용성 차코펜(얇은심)

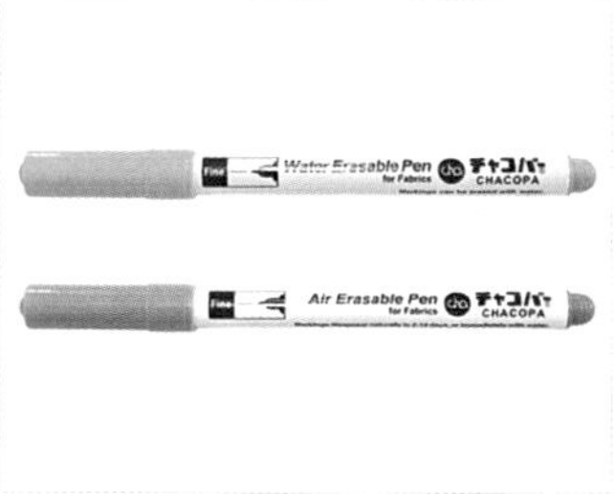

· 사이즈 : 펜촉 0.5mm
· 컬　러 : 블루,퍼플
· 설　명 : 세밀하고 정교한 작업이 가능한 차코 수성펜입니다.

6 일제 양면 펜슬형 초크

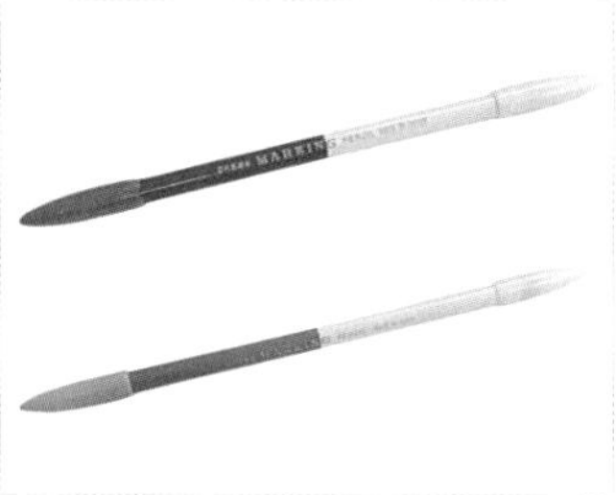

· 사이즈 : 약 15cm
· 컬　러 : 핑크/화이트, 블루/화이트
· 설　명 : 양쪽으로 색상을 사용할 수 있고 연필처럼 깎아서 사용하는 초크입니다.

7 로얄 삼각 초크

· 사이즈 : 6.5X6.5cm
· 컬　러 : 블루,화이트,핑크,옐로우
· 설　명 : 겉면에 코팅 처리가 되어 있고 적당한 크기로 사용하기 좋은 초크입니다.

8 크로바 삼각초크 초크갈이 세트

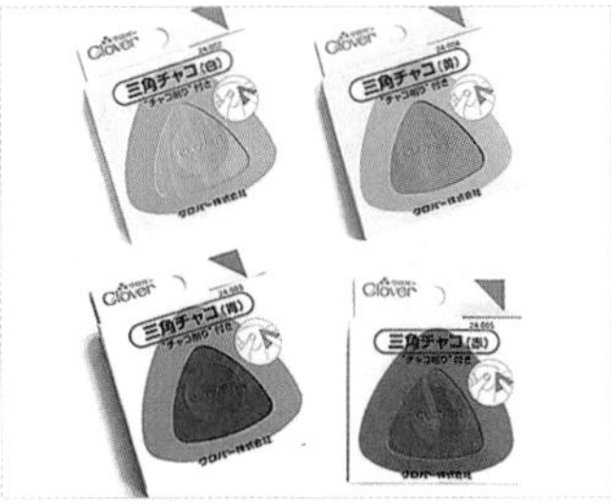

· 사이즈 : 6.5 X 6cm
· 컬　러 : 화이트,옐로우,블루,핑크
· 설　명 : 부드럽게 사용하는 삼각초크로 전용깎기가 포함되어 편리합니다.

9 미니 4색 초크

· 사이즈 : 개당 5.5X2cm
· 컬　러 : 블루,화이트,옐로우,레드
· 설　명 : 플라스틱에 보관되어 있는 미니 4가지 색상 초크입니다.

10 뉴평화 미니 4색 초크(10개입)

· 사이즈 : 개당 5.2X3.3cm
· 컬　러 : 화이트7,블루1,핑크1,옐로우1
· 설　명 : 가벼운 무게로 부담없이 사용 가능한 재단용 초크입니다.

11 팬더표 50개입 초자고

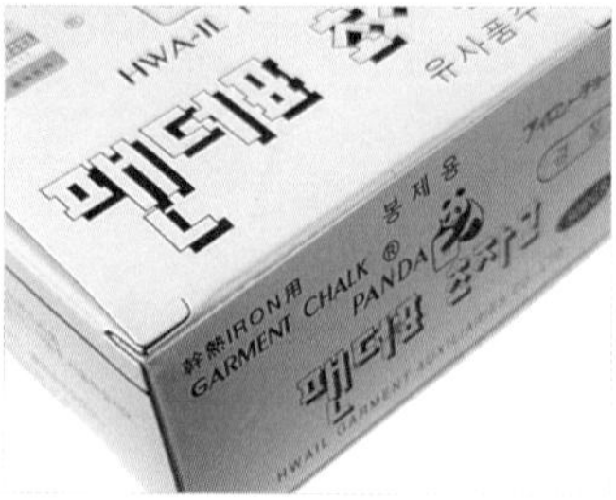

· 사이즈 : 개당 4.2X4.4cm
· 구　성 : 50개입 1박스
· 설　명 : 손에 묻어남이 적고 필감이 부드러운 초자고입니다.

12 국산 쇠골무

· 사이즈 : 프리사이즈
· 구　성 : 1개
· 설　명 : 사이즈를 프리로 조절 할 수 있는 골무입니다.

13 중국 쇠골무

· 사이즈 : 프리사이즈
· 구　성 : 1개
· 설　명 : 앞면에 홈이 파여 있어 바늘을 밀때 유용한 쇠골무 입니다.

14 일제 쇠골무

· 사이즈 : 13/14/15/16/17mm
· 구　성 : 1개
· 설　명 : 금속이라 바늘이 통과하지 못해 손가락을 보호해주는 골무입니다.

15 크로바 스킨골무

· 사이즈 : 14mm,16mm
· 구　성 : 2개입
· 설　명 : 고무 골무라 바늘이 미끄러지지 않아 쉽고 빠르게 바느질 가능합니다.

16 3D 가죽골무

· 사이즈 : L(17.5mm)
· 구　성 : 1개
· 설　명 : 입체 봉제로 착용감을 높여서 손가락 끝에 밀착되는 느낌의 골무입니다.

17 크라운 얇은 실크핀

· 사이즈 : 핀길이 32mm/핀굵기0.5mm
· 구　성 : 1통(약 50개입)
· 설　명 : 니켈 도금처리로 녹이 잘 발생하지 않는 시침용 핀입니다.

18 진주 시침핀

· 사이즈 : 핀길이 56mm/핀굵기0.7mm
· 구　성 : 1통(약 100개입)
· 설　명 : 보통 시침핀보다 핀이 길고 두꺼운 시침핀입니다.

19 플라워헤드 시침핀

· 사이즈 : 개당 54mm(헤드까지)
· 구 성 : 1통(약 95~100개입)
· 설 명 : 얇고 납작한 헤드에 부드럽고 은은한 파스텔 톤의 시침핀입니다.

20 오색 진주 시침핀

· 사이즈 : 핀길이 38mm/핀굵기4mm
· 구 성 : 1통(약 100개입)
· 설 명 : 원형 플라스틱 케이스에 들어 있는 오색 진주 컬러핀입니다.

21 일제 대바늘

· 사이즈 : 13cm, 18cm
· 구 성 : 1개
· 설 명 : 이불,쿠션,인형 등에 사용되는 철로 된 일제 긴 바늘입니다.

22 프린세스 30pcs 손바늘세트

· 구 성 : 34mm 20개/43mm 4개/54mm 2개/63mm 2개/실 깨우개 1개
· 설 명 : 다양한 30개의 바늘이 들어 있어 골라서 사용하는 손바늘입니다.

23 가죽 삼각 레더바늘

· 사이즈 : 3호(4.3cm) / 5호(4cm)
/ 7호(3.7cm)
· 설　명 : 원단 손상을 최소화시킬 수 있는 바늘 끝부분 삼각형 모양의 바늘입니다.

24 일제 크라운 비즈바늘 6호

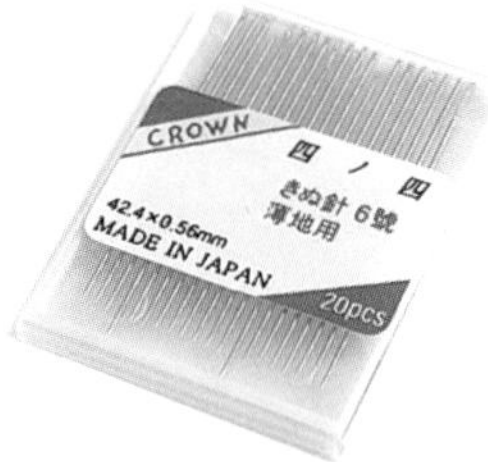

· 사이즈 : 42.4X0.56mm
· 구　성 : 1쌈(20개입)
· 설　명 : 실크 원단용으로 플라스틱 케이스를 옆으로 밀어서 사용합니다.

25 크로바 캔버스 수선 바늘

· 사이즈 : 1.24X63.5mm
/ 1.65X76.2mm / 1.83X88.9mm
· 설　명 : 캔버스 가방이나 텐트·시트 등의 보수에 사용되는 바늘입니다.

26 오렌지 가정용 미싱바늘(일반)

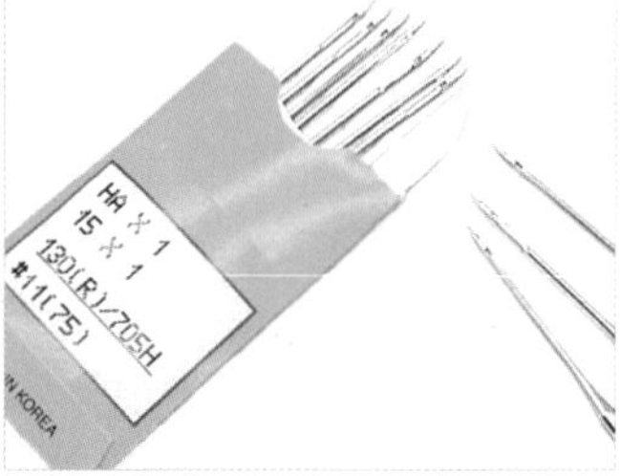

· 구　성 : 1쌈(10개입)
· 옵　션 : #(9,11,14,16,18호)
· 설　명 : 모든 가정용 미싱에 사용할 수 있으며 한쪽면이 깎여 있습니다.

27 오렌지 가정용 미싱바늘(니트)

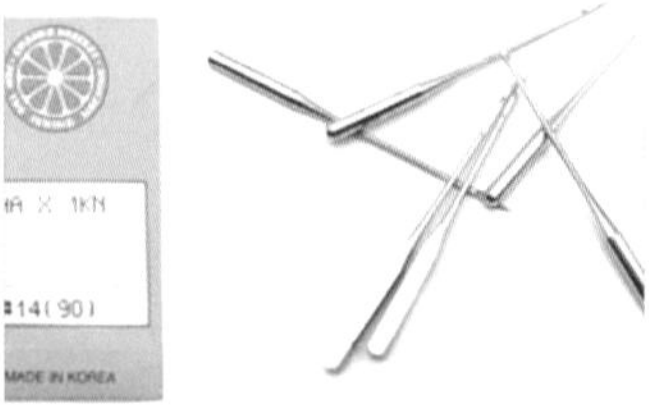

· 구　성 : 1쌈(10개입)
· 옵　션 : #(11,14호)
· 설　명 : 니트용으로 바늘 끝부분이 둥글게 되어 있어 원단 손상을 방지해줍니다.

28 오렌지 공업용 본봉 미싱바늘

· 구　성 : 1쌈(10개입)
· 옵　션 : #(9,11,14,16,18,21,23호)
· 설　명 : 공업용 미싱에 사용할 수 있는 미싱바늘로 천두께 호수를 달리 사용해주세요.

29 오렌지 공업용 오버룩 미싱바늘

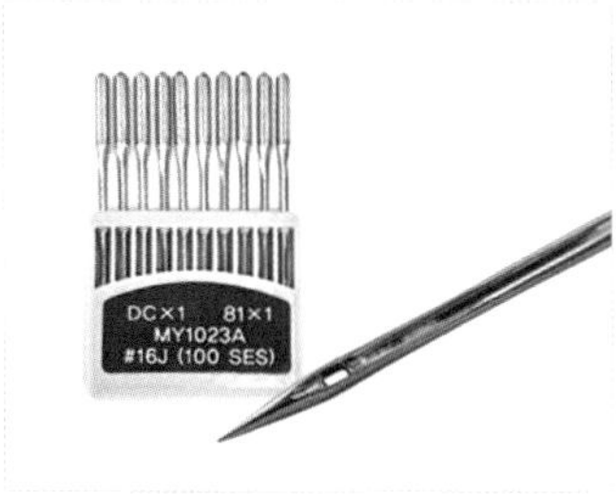

· 구　성 : 1쌈(10개입)
· 옵　션 : #(9,11,14,16호)
· 설　명 : 본봉바늘보다 짧고 머리가 두꺼우며 천두께 호수를 달리 사용해주세요.

30 크로바 자수 바늘

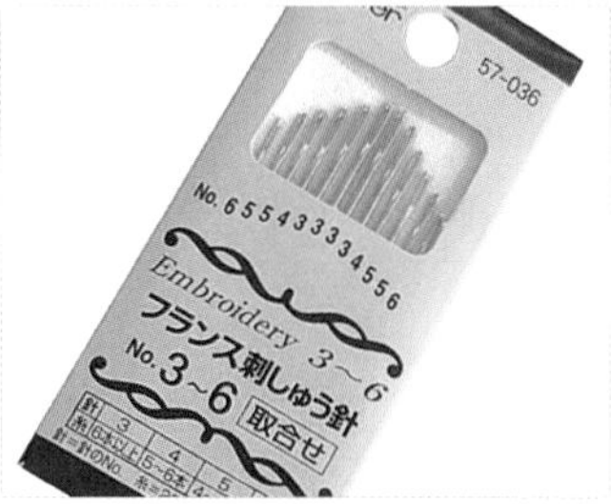

· 사이즈 : 3호4개/4호2개/5호4개/6호2개
· 구　성 : 1쌈(12개입)
· 설　명 : 자수나 퀼트, 패치워크 등에 사용할 수 있는 바늘입니다.

31 독일제 공업용 미싱바늘

· 구　성 : 1쌈(10개입)
· 옵　션 : 7호,8호,9호,10호,14호
· 설　명 : 내구성이 뛰어난 본봉용 바늘로 공업용 미싱에 사용됩니다.

32 일제 바늘 실 끼우개

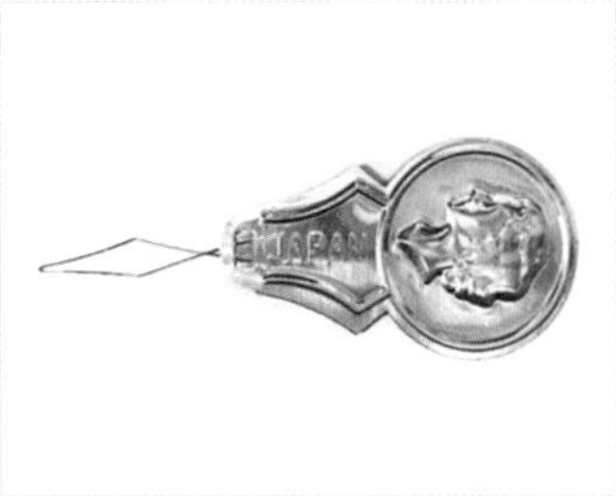

· 사이즈 : 전체길이 4.5cm
· 구　성 : 1개
· 설　명 : 바늘 귀가 작아서 끼우기 힘들 때 사용하는 실 끼우기 도구입니다.

33 크로바 바늘 실끼우개

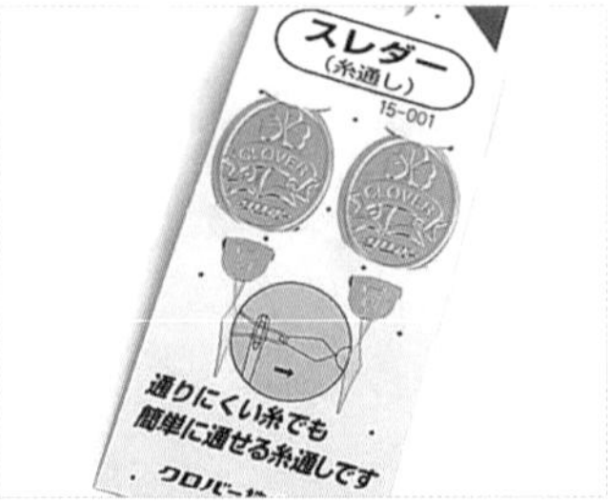

· 사이즈 : 약 5.5cm
· 구　성 : 1개(2개입)
· 설　명 : 알루미늄 재질의 기본 실꿰기 제품입니다.

34 차코 초크페이퍼 먹지(양면)

· 사이즈 : 28X70cm
· 컬　러 : 화이트,블루,핑크,옐로우
· 설　명 : 룰렛으로 그리는대로 초크 자국이 찍히는 초크 페이퍼입니다.

35 크로바 단면 먹지 차코페이퍼

· 사이즈 : 30X25cm
· 컬　러 : 회색,흰색,파랑,노랑,분홍,혼합
· 설　명 : 단면 먹지 페이퍼로 편하게 표시 할 수 있고 물을 이용하여 지울 수 있습니다.

36 솔표 재봉사 10색실

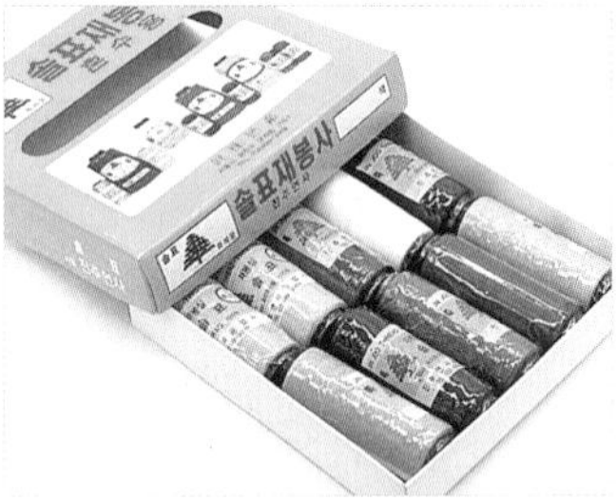

· 사이즈 : 약 200m
· 구　성 : 10색 혼합(검정,흰색 외 랜덤)
· 설　명 : 40수 2합의 두께이며, 미싱 봉제 등에 사용되는 재봉실입니다.

37 크로바 금사 은사

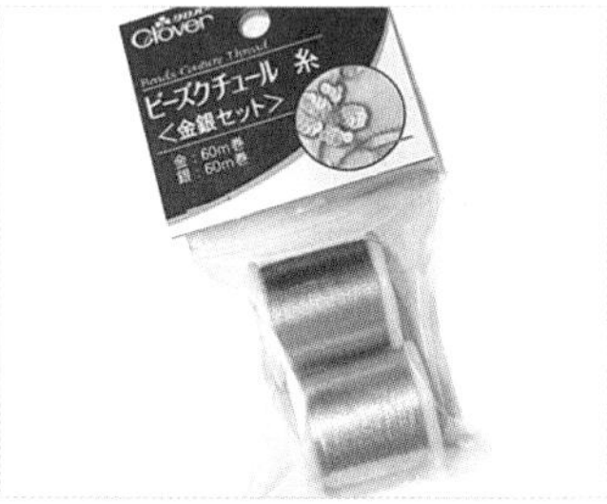

· 사이즈 : 개당 길이 60m
· 구　성 : 금사 1개, 은사 1개
· 설　명 : 폴레이스테르 100% 재질로 포인트를 주기에 적합한 실 입니다.

38 120D/2 가는 금사 은사

· 사이즈 : 개당 길이 1700m
· 옵　션 : 금사,은사 중 택일
· 설　명 : 일반실에 비해 가늘고 실의 광택이 매우 선명한 금사은사입니다.

39 150D/6 스테치용 금사 은사

· 사이즈 : 개당 길이 500m
· 옵　션 : 금사,은사 중 택일
· 설　명 : 일반실의 30수 3합정도 굵기이며 봉재용이나 스테치용으로 적합합니다.

40 투명사

· 사이즈 : 40호(약1,000m) / 60호(약3,000m) / 80호(약4,000m)
· 옵　션 : 40,60(투명,블랙),80호
· 설　명 : 나일론 재질의 얇고 튼튼합니다.

41 45S/2 고급 코아사

· 사이즈 : 개당 약 1,700m
· 컬　러 : 114종
· 설　명 : 실의 강도가 강하고 봉재 후 형태 안정이 뛰어납니다.

42 840D 고무사

· 사이즈 : 개당 약 250m
· 컬　러 : 10종
· 설　명 : 봉재 시 탄력있는 주름잡기 (원피스 허리부분)로 쓰입니다.

43 20S/4 고급 재봉사

· 사이즈 : 약 1,500m
· 컬　러 : 화이트
· 설　명 : 스테치 및 이불 바느질용 실입니다.

44 60S/3 큰용량 일반 재봉사

· 사이즈 : 개당 약 5,000m
· 컬　러 : 48종
· 설　명 : 모든 재봉기에 사용 가능한 일반 재봉사로 어떤 제품에도 사용합니다.

45 2500D 본드사

· 사이즈 : 개당 약 150m
· 컬　러 : 31종
· 설　명 : 아주 굵은 봉재 스테치용 실로 가방 핸드백용으로 사용됩니다.

46 30S/3 면 재봉사

· 사이즈 : 개당 길이 2,500m
· 구　성 : 1개
· 설　명 : 100% 면 재봉사로 주 용도는 제품 염색용으로 많이 쓰입니다.

47 10S/9 초사

· 사이즈 : 개당 길이 50m
· 컬　라 : 10종
· 설　명 : 방수 성능 뛰어나며 가죽제품, 제본,기타 용도로 사용이 가능합니다.

48 40S/2 대용량 오버룩사

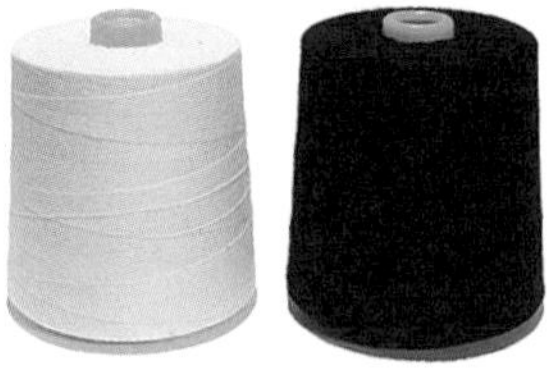

· 사이즈 : 개당 길이 10,000m
· 컬　라 : 화이트,블랙 중 택일
· 설　명 : 40수 2합의 대용량 실 입니다.

49 1260D 본드사

· 사이즈 : 개당 길이 300m
· 컬　라 : 31종
· 설　명 : 좀 두꺼운 가죽제품 합성피혁 등 고급제품 봉제에 사용됩니다.

50 630D 본드사

· 사이즈 : 개당 길이 650m
· 컬　라 : 31종
· 설　명 : 그리 두껍지 않은 고급합성 피혁이나 가죽제품 등에 사용됩니다.

51 100D/2 스판사

· 사이즈 : 개당 약 1,500m
· 컬　러 : 34종
· 설　명 : 탄력이 좋아 수영복, 속옷, 셔츠 등에 많이 사용됩니다.

52 210D/3 나일론사

· 사이즈 : 약 650m
· 컬　러 : 30종
· 설　명 : 일반 옥스포드 원단 정도의 두께에 사용 가능 합니다.

53 210D/6 나일론사

· 사이즈 : 개당 약 300m
· 컬　러 : 30종
· 설　명 : 좀 두꺼운 합성피혁 가죽제품의 가방 ,배낭,벨트,핸드백 등에 사용 됩니다.

54 이불 타래실, 돌잡이실

· 사이즈 : 약 30g
· 구　성 : 1개
· 설　명 : 튼튼한 실로 이불을 꿰맬 때 사용되는 실 입니다.

55 일제 플라스틱 실뜯개

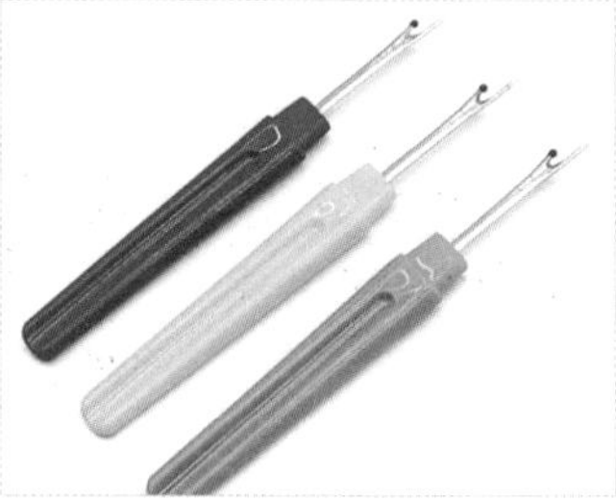

· 사이즈 : 전체길이 약 11cm
· 구　성 : 1개(색상랜덤)
· 설　명 : 앞부분으로 구멍을 뚫거나 실을 자를 때 사용합니다.

56 일제 밤색 실뜯개

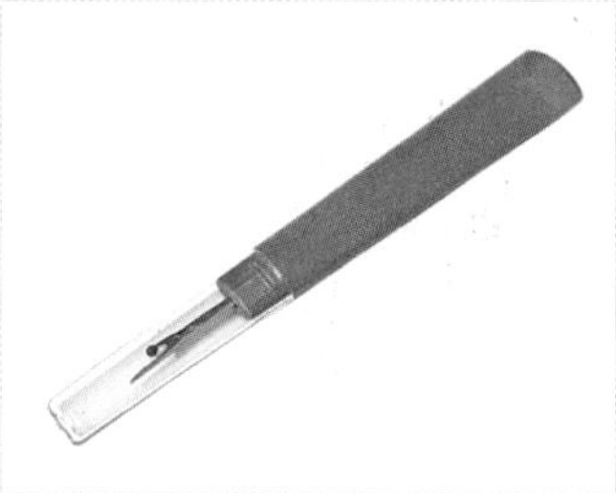

· 사이즈 : 전체길이 약 12cm
· 구　성 : 1개
· 설　명 : 앞부분으로 구멍을 뚫거나 실을 자를 때 사용하는 나무 실따개입니다.

57 크로바 나무 실뜯개

· 사이즈 : 전체길이 약 12cm
· 구　성 : 1개
· 설　명 : 곡선의 디자인으로 장시간 사용하여도 피로를 적게 느끼는 실뜯개입니다.

58 클리어 씨임 실뜯개

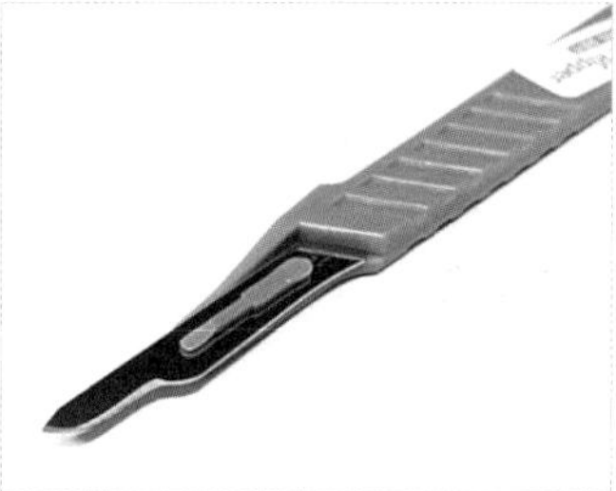

· 사이즈 : 전체길이 약 14.2cm
· 구　성 : 1개
· 설　명 : 박음질이 잘못된 부부을 쉽고 간편하게 뜯을 수 있는 실뜯개입니다.

59 오성 쪽가위

· 사이즈 : 전체길이 약 10.5cm
· 구　성 : 1개
· 설　명 : 녹이 잘 슬지 않으며, 절삭력이 우수한 제품입니다.

60 오성 큰사이즈 쪽가위

· 사이즈 : 전체길이 약 12.5cm
· 구　성 : 1개(색상랜덤)
· 설　명 : 녹이 잘 슬지 않으며, 절삭력이 좋고 중간에 걸쇠가 있어 뒤틀리지 않습니다.

61 체크무늬 핀쿠션

· 사이즈 : 60 X 35mm
· 구　성 : 1개
· 설　명 : 손목에 찰 수 있는 시침핀이나 바늘을 꽂아 둘 수 있는 핀쿠션입니다.

62 벨벳 핀쿠션

· 사이즈 : 65 X 50mm
· 구　성 : 1개
· 설　명 : 고무밴딩을 손목에 두르고 시침핀, 바늘 등을 꽂아두는 핀쿠션입니다.

63 마크네틱 자석 핀봉 눌림쇠

- 사이즈 : 70X105X30mm
- 구　성 : 1개
- 설　명 : 자석이 내장되어 있어 핀봉 기능도 가능한 눌림쇠입니다.

64 원형 쇠판 눌림쇠

- 사이즈 : 5X2cm/7X2cm/10X2cm
- 옵　션 : 소,중,대
- 설　명 : 녹이 발생하지 않도록 코팅처리한 쇠문진입니다.

65 원단 뒤집개 고무줄 끼우개

- 사이즈 : 27cm / 8cm(고무줄끼우개)
- 구　성 : 1개
- 설　명 : 원단을 쉽게 뒤집을 수 있는 원단 뒤집기 세트입니다.

66 스테인리스 일자·굽은핀셋

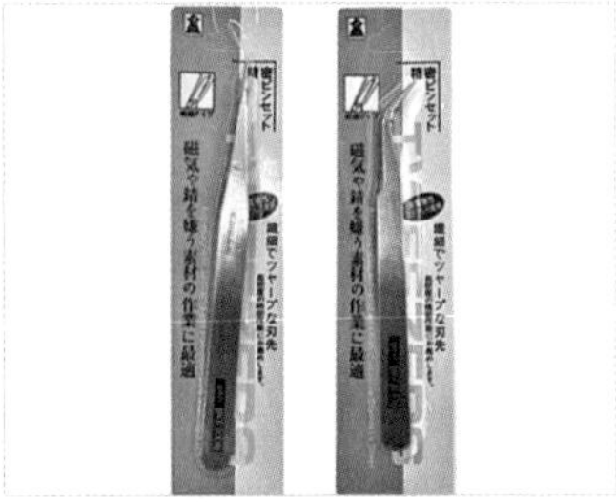

- 사이즈 : 일자 135mm / 굽은 120mm
- 구　성 : 1개
- 설　명 : 끝이 정확하고 잘 맞아 작은 소품이나 가느다란 실을 잡는데 사용됩니다.

67 크로바 수예용 핀셋

· 사이즈 : 전체길이 약 15cm
· 구　성 : 1개
· 설　명 : 녹이 잘 슬지 않고 퀼트나 솜 넣기 최적화된 핀셋입니다.

68 일자 미니 드라이버 세트

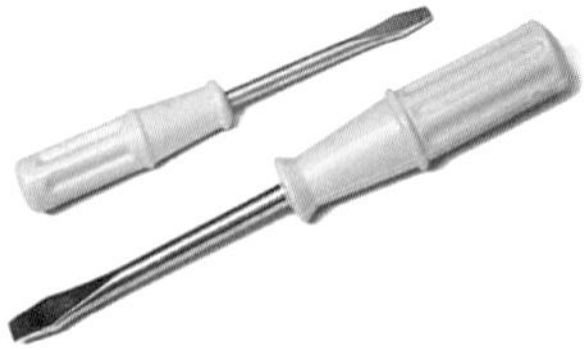

· 사이즈 : 큰105mm, 작은80mm
· 구　성 : 큰1개,작은1개 세트
· 설　명 : 노루발이나 침판 등 미싱 부품에 사용할 수 있는 일자 드라이버세트 입니다.

69 미니 조드라이버 세트

· 사이즈 : 큰140mm, 작은85mm
· 구　성 : 큰1개,작은1개 세트
· 설　명 : 노루발이나 침판 등 미싱 부품에 사용할 수 있는 일자 드라이버세트 입니다.

70 나무 룰렛

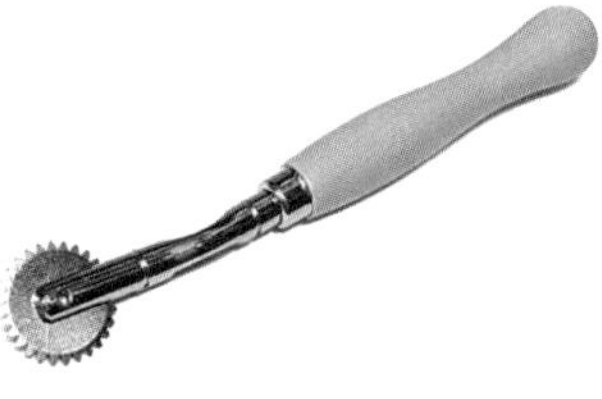

· 사이즈 : 약 14cm
· 구　성 : 1개
· 설　명 : 초크 페이퍼를 따라 그릴 때 사용되는 룰렛입니다.

71 크로바 시접단용 롤러

· 사이즈 : 전체길이 12cm
· 구　성 : 1개
· 설　명 : 시접을 잡거나 원단에 표시를 남길 때 쉽고 편　게 사용할 수 있습니다.

72 원형 곡선 룰렛 축도자

· 사이즈 : 전체길이 약 14.4cm
· 구　성 : 1개
· 설　명 : 곡선 부분도 쉽게 측정할 수 있는 룰렛자입니다.

73 공업용 알루미늄 보빈

· 사이즈 : 개당 21X8mm
· 구　성 : 1set 5개
· 설　명 : 사절용 알루미늄 보빈입니다.

74 공업용 쇠 미싱보빈

· 사이즈 : 개당 21X8mm
· 구　성 : 1set 5개
· 설　명 : 일반적인 공업용 미싱 보빈입니다.

75 가정용 쇠 미싱보빈

· 사이즈 : 개당 20X7mm
· 구　성 : 1set 5개
· 설　명 : 일반적인 가정용 미싱 보빈 입니다.

76 가정용 플라스틱 보빈

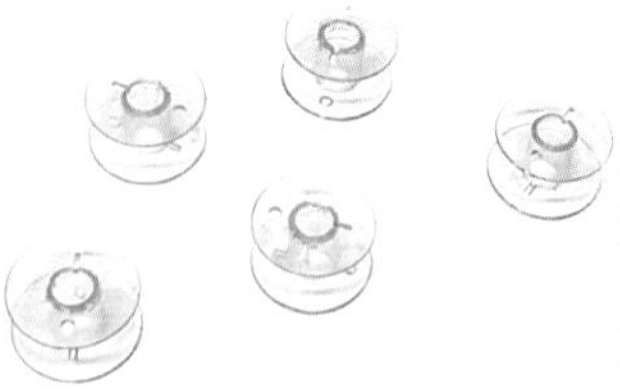

· 사이즈 : 개당 20X10mm
· 구　성 : 1set 5개
· 설　명 : 플라스틱으로 된 일반적인 가정용 미싱 보빈입니다.

77 공업용 사절 북집

· 사이즈 : 21X13mm
· 구　성 : 1개
· 설　명 : 공업용 미싱 중 사절 미싱에 사용되는 북집입니다.

78 공업용 일반 북집

· 사이즈 : 21X13mm
· 구　성 : 1개
· 설　명 : 공업용 미싱에 사용되는 북집으로 공업용 미싱북알과 함께 사용됩니다.

79 가정용 북집

· 사이즈 : 21X13mm
· 구　성 : 1개
· 설　명 : 일반 가정용 미싱에 사용 가능한 제품으로 옆부분이 튀어나와 있습니다.

80 공업용 스테치노루발

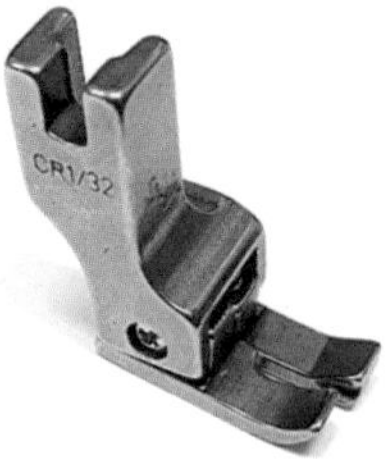

· 사이즈 : 1/4, 1/8, 1/16, 3/16, 1/32
· 설　명 : 공업용 스테치 노루발로 노루발의 한쪽에 스프링이 들어 있어 재봉 시 원단이 뜨는 것을 방지해줍니다.

81 공업용 지퍼 외노루발

· 사이즈 : 3X3mm
· 구　성 : 1개
· 설　명 : 지퍼에 붙여 박음질할 수 있는 노루발로 왼쪽에 구멍이 뚫려 있습니다.

82 가정용 원터치 외노루발

· 사이즈 : 3X1.8mm
· 구　성 : 1개
· 설　명 : 지퍼나 파이핑을 달 때 사용되는 노루발로 양쪽 모두 사용 가능합니다.

83 가정용 원터치 바이어스노루발

· 구　성 : 1개
· 설　명 : 원단 테두리의 바이어스를 칠 때 사용되는 가정용 노루발로 5~20mm의 폭을 조절알 수 있습니다.

84 가정용 외노루발(일체형)

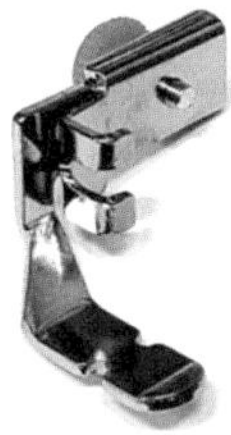

· 사이즈 : 4X4X2.5cm
· 구　성 : 1개
· 설　명 : 지퍼나 파이핑을 달 때 사용되는 노루발입니다.

85 공업용 일체형 뿔노루발

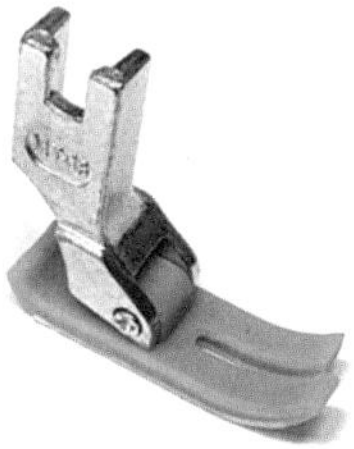

· 구　성 : 1개
· 설　명 : 기본적인 노루발로 직선, 곡선 박기가 가능한 노루발로 바닥면이 테프론 코팅이 되어 있어 원단이 잘 밀립니다.

86 중국 나무 송곳

· 사이즈 : 전체길이 12cm
· 구　성 : 1개
· 설　명 : 구멍을 뚫거나 원단 모서리 부분을 밀어 줄 때 사용하는 송곳입니다.

87 고무손잡이 송곳

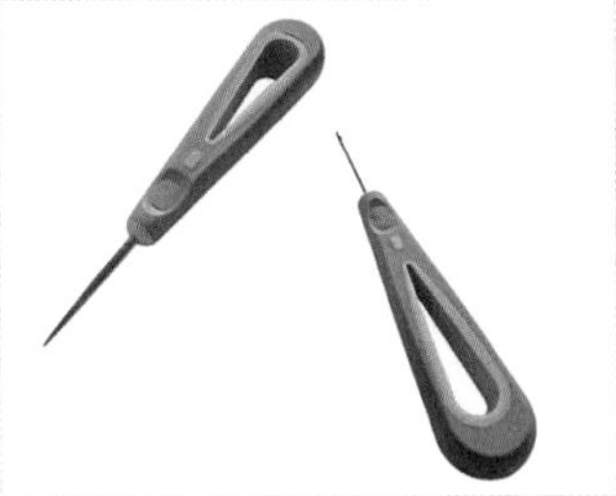

· 사이즈 : 전체길이 14cm
· 옵 션 : 일자형, 갈고리형
· 설 명 : 딱딱하지 않은 고무재질로 작업 시 피로가 적은 송곳입니다.

88 보급형 띠줄자

· 사이즈 : 150cm/60inch
· 구 성 : 1개
· 설 명 : 부담없이 사용할 수 있는 보급형 띠줄자로 피팅처럼 치수측정에 이용됩니다.

89 독일제 고급 칼라 띠줄자

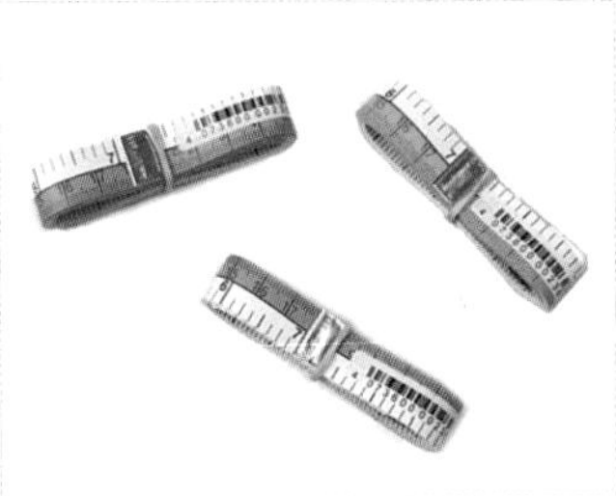

· 사이즈 : 150cm/60inch
· 구 성 : 1개
· 설 명 : 노란색면에 inch표시가 반대쪽에는 cm,inch가 함께 표시되어 있습니다.

90 똑딱이 단추 줄자

· 사이즈 : 150cm/60inch
· 구 성 : 1개
· 설 명 : 말아서 단추를 붙여두면 흐트러지지 않아 정리하기 한결 편합니다.

91 피코 원형 휴대용 자동줄자

· 사이즈 : 지름 약 2.7cm
· 구　성 : 1개 (색상랜덤)
· 설　명 : 고리가 달려있어 보관하기 편리한 자동줄자로 원터치형 방식입니다.

92 독일제 롤픽스 자동줄자

· 사이즈 : 지름 약 5cm
· 구　성 : 1개 (색상랜덤)
· 설　명 : 150cm,60inch로 앞뒤 표시 되어 있는 원터치형 방식 자동줄자입니다.

93 키링 1/4 투명 축도자

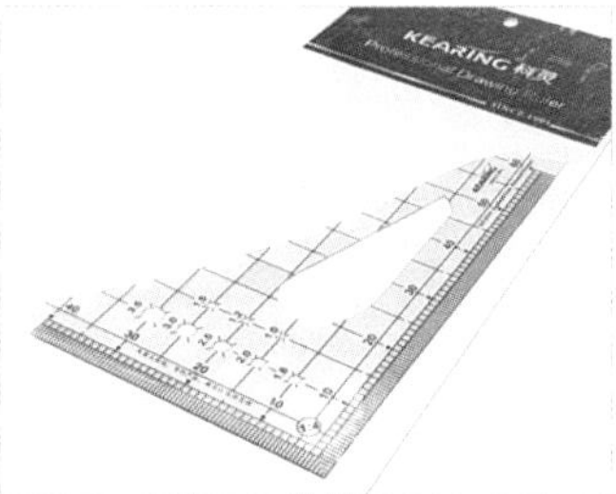

· 사이즈 : 6X11cm
· 구　성 : 1개
· 설　명 : 1/4 축도자로 투명한 색상이라 바닥면을 확인하기 편합니다.

94 플라스틱 곡선자 60cm

· 사이즈 : 60cm
· 구　성 : 1개
· 설　명 : 치마나 바지선과 같이 완만한 곡선을 그리기에 적합한 투명한 곡선자입니다.

95 오성 60cm 대나무 곡선자

· 사이즈 : 60cm
· 옵　션 : 60cm, 23inch
· 설　명 : 대나무를 사용하여 만든 대나무 곡선자로 표면이 매끄럽고 부드럽습니다.

96 키링 그레이딩자

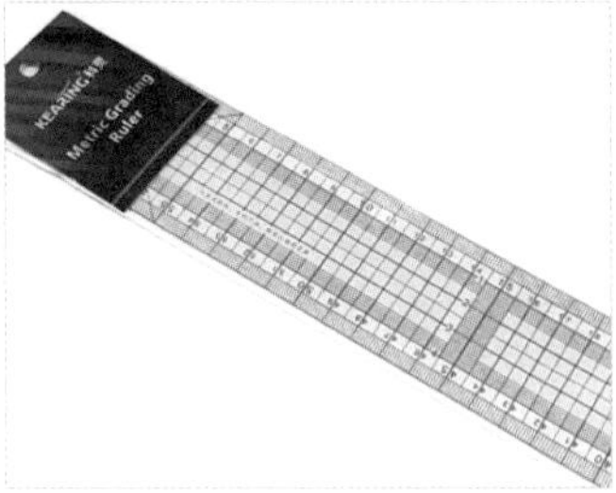

· 사이즈 : 50cm, 60cm
· 구　성 : 1개
· 설　명 : 눈금이 안쪽에 인쇄되어 오래 사용하여도 눈금이 잘 지워지지 않습니다.

97 플라스틱 직각자

· 사이즈 : 77X37.5X0.4cm
· 구　성 : 1개
· 설　명 : 플라스틱 재질로 된 직선과 직각을 그릴때 사용되는 직각자입니다.

98 쇠 직각자(cm,inch 겸용)

· 사이즈 : 30X60cm(12X24inch)
· 구　성 : 1개
· 설　명 : 튼튼하고 내구성이 높으며 쉽게 부러지거나 휘어지지 않습니다.

99 S모드자 곡선 패턴자

· 사이즈 : 약 42.5cm
· 구　성 : 1개
· 설　명 : 목라인,암홀,허리라인 등 다양한 곡선을 그릴 수 있는 곡선자입니다.

100 키링 자유곡선자

· 사이즈 : 길이60cm/24inch
· 구　성 : 1개
· 설　명 : 자유롭게 형태를 잡을 수 있도록 움직이는 곡선자입니다.

101 너치가위

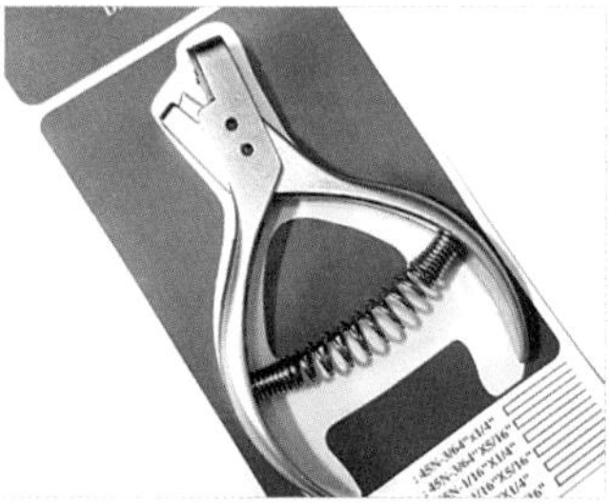

· 사이즈 : 7mm까지 표시가능
· 구　성 : 1개
· 설　명 : 앞, 뒤를 구분할 때나 시작과 끝점을 표시하는 등 봉제를 편리합니다.

102 크로바 45mm 일자형커터

· 사이즈 : 전체길이 190mm
· 구　성 : 1개
· 설　명 : 간편하게 원단을 자를 수 있는 로터리 커터입니다. (칼날 교체 가능)

103 핑킹가위 5mm

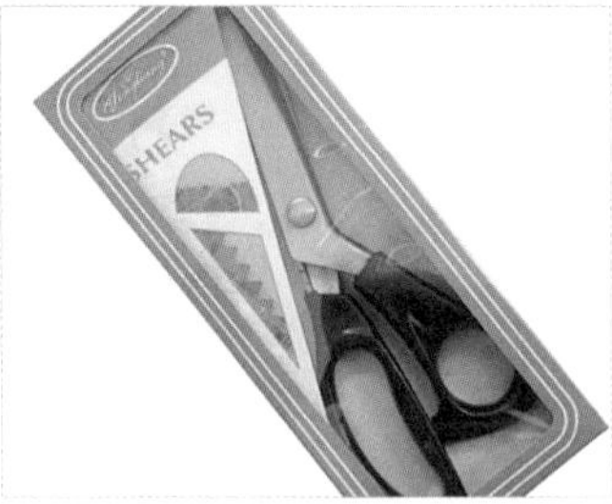

- 사이즈 : 230mm
- 구　성 : 1개
- 설　명 : 지그재그 모양으로 자를 수 있는 핑킹가위 입니다. (원단,포장지 사용가능)

104 니켄 핑킹가위 5mm

- 사이즈 : 230mm
- 구　성 : 1개
- 설　명 : 스테인리스강 재질로 잘랐을 때 5mm 간격의 핑킹가위입니다.

105 패치워크 가위

- 사이즈 : 125mm, 140mm, 160mm
- 구　성 : 1개
- 설　명 : 날 끝이 뾰족하여 작업에 수월한 패치가위 입니다.

106 초키 패치워크 가위

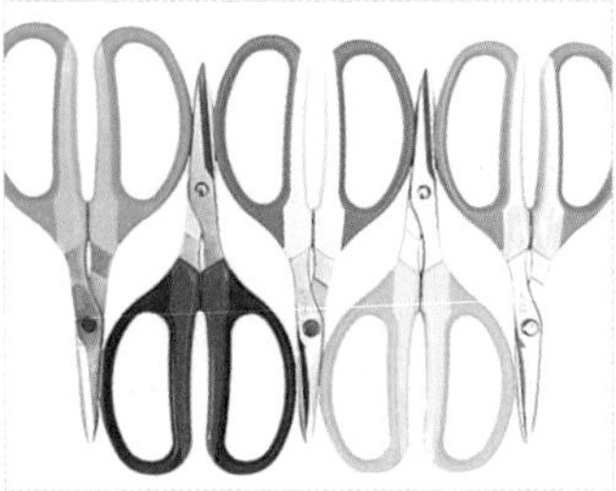

- 사이즈 : 16cm (케이스 : 8cm)
- 컬　러 : 그린,레드,핑크,옐로우,퍼플
- 설　명 : 안전캡이 있어 보관도 가능하고 어디서나 사용할 수 있는 만능 가위입니다.

107 잠자리 재단가위

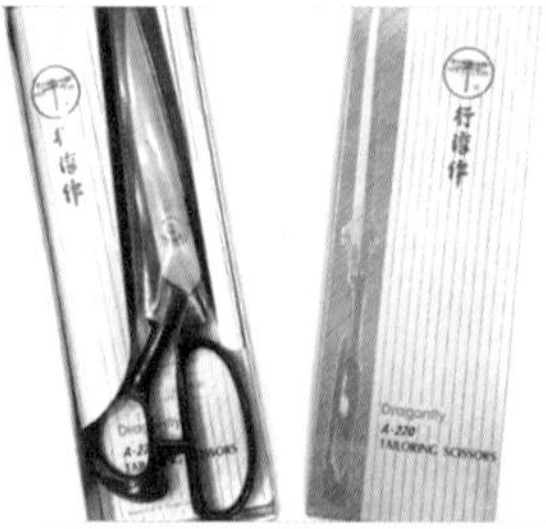

· 사이즈 : 220,240,260,280,300
· 구　성 : 1개
· 설　명 : 고급 강철에 특수 열처리된 국내 생산으로 우수한 품질의 재단가위입니다.

108 세탁 우마 다리미판

· 사이즈 : 1호,2호,3호,5호
· 구　성 : 1개
· 설　명 : 소매나 어깨 등 다리기 어려운 부분을 쉽게 다릴 수 있는 보조 다리미판입니다.

109 데쓰망 다리미판

· 사이즈 : 22X12X13.5cm
· 구　성 : 1개
· 설　명 : 입체감이 있는 부분을 다림질할 때 필요한 도구입니다.

110 아트키트 공구함

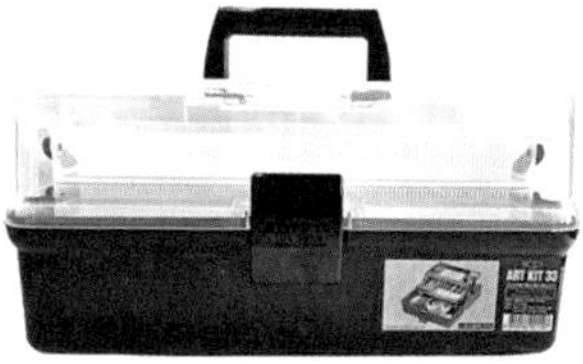

· 사이즈 : 340X195X160mm
· 구　성 : 1개 (컬러랜덤)
· 설　명 : 큰 재단가위나 재봉사 등 작은 부자재를 한곳에 담아 보관하는 함입니다.

111 분무기

· 사이즈 : 11X18X8cm
· 구　성 : 1개 (색상랜덤)
· 설　명 : 다림질할 때 수분 공급용으로 사용합니다.

INDEX

N 동대문단추왕

패션 부자재 쇼핑몰 “동대문단추왕” 입니다.
여러분들의 작업에 필요한 각종 도구, 자재에서부터
최신 트렌드를 반영한 단추까지 모두 한곳에서 볼 수 있는 곳입니다.
동대문단추왕은 대한민국 패션의 중심 동대문에 위치하며
고객과 소통하고 좋은 퀄리티의 제품을 공급하기 위해
노력하고 있습니다.
그중 기초 패션 부자재 모음집을 만들어 제공해 드리니
구매 하실 때 참고해주시기 바랍니다.
